100

actividades
Montessori

Gracias a Benoît, Liv y Émy.
Gracias también a Elpida, Issaure, Otis y a sus mamás.

© Éditions Nathan, 2013. Paris – France
Título original: *100 activités d'éveil Montessori*
© de la traducción: Patricia Valero Mous, 2017
Editado por Editorial Planeta, S. A.
© Editorial Planeta, S. A., 2017
Avda. Diagonal, 662-664, 08034 Barcelona (España)
www.planetadelibrosinfantilyjuvenil.com
www.planetadelibros.com

© fotografía de la cubierta: exopixel, Shutterstock.
© fotografía de la contracubierta: Ève Herrmann

Primera edición: febrero de 2017
Segunda impresión: abril de 2017
ISBN: 978-84-08-16746-4
Depósito legal: B. 1.025-2017
Impreso en España

100
actividades
Montessori

Para acompañar
al niño en su descubrimiento
del mundo

Textos y fotografías
Ève Herrmann

timunmas

Sumario

El lenguaje

Las actividades manuales y creativas

La motricidad global

La naturaleza

Para Liv y Émy, mis dos estrellas.
Sin vosotras, el proyecto de este libro
no me hubiese llegado nunca.

EH.

Es gracias a la educación respetuosa que recibí de niña y que marcó mi personalidad que me he sentido identificada por la pedagogía Montessori. Me dio, a su vez, ganas de inculcar a mis hijas los valores fundamentales del respeto y el saber escuchar, la confianza en ellas y las ganas de aprender. Y Montessori fue la respuesta.

Maria Montessori toma en consideración el ser en una totalidad, desde el principio. El período que va del nacimiento a los tres años sienta unos fundamentos esenciales para toda la vida, hoy lo sabemos. Es esta parte de la obra de Maria Montessori, un poco menos conocida, la que más me interesó. Las ganas de compartir mis conocimientos se impusieron pronto. Creé un blog y encontré lectores interesados, en busca de respuestas. La escritura de este libro es su continuación natural. Es otra forma de compartir y de descubrir la pedagogía Montessori, tan bella, tan rica e infinitamente profunda. Es una filosofía que tiene mucho que ofrecer, tanto a los niños como a los padres.

Ève Herrmann

Introducción

Fue observando a los niños que Maria Montessori entendió cómo ayudarlos en el camino de su desarrollo, con ayudas adaptadas y exactas.

El niño nos pide que lo ayudemos a hacer las cosas solo y a respetar su ritmo. Para responderle, la pedagogía Montessori lo coloca en el centro, sin por ello hacer de él una especie de niño rey. Eso quiere decir también que el lugar del adulto debe replantearse: se convierte en un acompañante, en un educador que no considera al niño como un trozo de arcilla que hay que modelar. Al contrario, el niño tiene un potencial inmenso de energía y de creatividad, presente desde el nacimiento, que no pide más que revelarse. Así, aprende por sí mismo, de forma natural y alegre si el entorno le es propicio.

Sin embargo, el rol de los padres y de los educadores es indispensable, puesto que no se trata de dejar al niño vivir por su cuenta.

Maria Montessori ha fundado su pedagogía en el conocimiento profundo del niño y de sus necesidades, fruto de su larga observación. Sus grandes ideas son líneas directas que nos permiten comprender el beneficio de las actividades propuestas a los niños.

Hasta los seis años, el niño se caracteriza por su gran capacidad de absorción de todo lo que le rodea. Es esta **mente absorbente** la que le permite adaptarse a su entorno y adquirir conocimientos sin esfuerzo.
Maria Montessori subraya igualmente los períodos sensibles de la niñez. Son fases en las cuales toda la atención se centra en un punto particular de su desarrollo. Una vez superado este período sensible, es más difícil adquirir la capacidad en cuestión.
Durante estos **períodos sensibles**, la capacidad de concentración del niño es inmensa: absorto en lo que hace, se vuelve impermeable a todo lo que sucede a su

alrededor. En esos momentos de concentración intensa, el niño se construye. Y de estos momentos emerge calmado, satisfecho y realizado. Es por ello por lo que debemos favorecer y preservar esos momentos de concentración desde el nacimiento.

Maria Montessori observa igualmente que, para su desarrollo, el niño necesita hacer trabajar sus manos. Sus manos son el instrumento de su inteligencia.

La pedagogía Montessori sigue viva hoy ya que vehicula valores atemporales y aboga por el desarrollo del hombre, de un adulto autónomo y responsable, capaz de adaptarse al mundo de mañana.

¿Cómo utilizar este libro?

Este libro propone actividades para compartir con tu hijo, inspiradas en la pedagogía Montessori, pero también nociones importantes de dicha filosofía.

El objetivo de las actividades presentadas es alimentar la necesidad de trabajo del niño. Llevadas a cabo con vuestra comprensión, le permitirán ganar autonomía, independencia y confianza. Se sentirá mayor, apoyado y respetado en su necesidad de hacer las cosas él mismo y de aprender manipulando.

No hemos especificado ninguna edad para **cada actividad porque cada niño sigue su propio ritmo**. Solo necesita aprender en el momento adecuado.

Es observando al niño que sabremos qué actividad responderá a sus necesidades y cuáles son sus capacidades. Será él quien nos guíe si somos capaces de seguirlo.

Podéis leer el libro entero en primer lugar para tomar conciencia de todo lo que desea transmitir. Después os será más fácil escoger las actividades adaptadas a vuestro hijo. Pero lo que más cuenta es vuestra actitud, vuestro estado de ánimo, vuestra capacidad de escucha, vuestra mirada comprensiva. Todos ellos transmiten el amor y el respeto que deben acompañar su trabajo.

La vida práctica

Entre los 12 y los 15 meses, aparece
de golpe una intensa fuerza que
impela al pequeño a reproducir
nuestros movimientos. Nos quiere
imitar, quiere ser como nosotros.
Aceptemos su energía y su voluntad.
Ofrezcámosle la posibilidad de
trabajar junto a nosotros y démosle
la oportunidad de hacer las cosas solo.

En este período, el niño imita los actos de quienes
le rodean, no porque nadie le diga que lo haga,
sino por una necesidad íntima.

Maria Montessori, La mente absorbente del niño

¿Qué es la vida práctica?

Hacia los 15 meses, cuando el niño está listo
y es capaz de copiar las actividades de los adultos,
a lo que aspira es a participar en la vida real
y a trabajar a nuestro lado.
En ese momento, los juegos ya no le interesan
tanto. Necesita trabajar y ejercitar sus manos.
Preparando para él una pequeña actividad corta
y sencilla de la vida cotidiana le daremos ocasión
de ejercitarse, equivocarse y volver a empezar
sin presión.
Con la vida práctica, el niño lleva a cabo
un trabajo a la vez mental, emocional y físico.
Aprende a ser independiente, a concentrarse,
a controlar sus músculos y a analizar las etapas
lógicas de una actividad.

Tomar conciencia de uno mismo

Demos al niño la posibilidad, cuando se sienta preparado, de tomar conciencia de sí mismo: de peinarse, lavarse los dientes, bañarse, vestirse solo... Para ello, necesitaremos adaptar el hogar a sus necesidades.

El niño al que se permita tomar conciencia de él mismo será tranquilo y no necesitará luchar para que su voluntad de hacer las cosas solo sea reconocida.

1

Colaborar

En el dominio de los cuidados, tenemos la costumbre de hacerle al niño todo nosotros. Bañarlo, vestirlo, ponerle los zapatos; es más rápido para nosotros, pero a él no le resulta demasiado gratificante. Corre el riesgo de crecer pensando: «Necesito a mis padres». Pero lo que queremos es justamente que nuestro hijo tenga confianza en su propia capacidad de tomar conciencia de sí mismo.

Durante el transcurso de estas actividades, pensemos en la autonomía del niño: «¿Hay algo de lo que le privo que podría hacer él mismo?». No neguemos su deseo de independencia bajo el pretexto que todavía necesita ayuda. Es precisamente en ese estadio, cuando las actividades cotidianas son todavía demasiado difíciles para él, cuando empieza a manifestar sus ganas de participar en ellas. El éxito de estas actividades recae sobre la colaboración: debemos apreciar dicha colaboración, encontrar interés en ellas y apoyar al niño.

2

Reorganizar la casa

Para que el niño realice de forma autónoma pequeñas actividades sencillas, como lavarse las manos o peinarse, deberemos pensar de nuevo la organización de la casa. A lo largo de un día, observemos al niño y veamos qué podría hacer por sí mismo sin tener que pedir ayuda, y modifiquemos el entorno en el que tengan lugar dichas actividades. A menudo tenemos tendencia a subestimar las capacidades reales del niño; es dejándole hacer y observando cuando nos daremos cuenta de lo que es realmente capaz de hacer. Estas modificaciones, que para nosotros no son más que pequeños cambios, serán para él un gran paso adelante: «He decidido lavarme las manos, puedo hacerlo solo». Así, el niño toma una decisión y puede actuar en consecuencia. Crece como persona capaz y responsable y sabe que sus padres confían en él. Estas bases son fundamentos sólidos para su vida adulta.

Lo primero que hay que hacer es pasar revista a la casa y las acciones cotidianas del niño para ver lo que podría hacer solo con un poco de ayuda material: un alza, un perchero a su altura, una estantería accesible, un trapo y una esponja. Hacer la lista de todas las pequeñas modificaciones no significa que debamos cambiarlo todo de golpe. El niño necesita rutinas, y los cambios lo desestabilizan. Llevaremos a cabo dichos cambios con calma, unos tras otros, esperando a que cada novedad se integre a la rutina.

3

Vestirse

Desde la infancia, podemos acostumbrarnos a describir al niño lo que vamos a hacer para que pueda prepararse. Después, poco a poco, podemos hacerle preguntas y esperar una respuesta: él podrá participar desde el momento en el que se sienta capaz. Por ejemplo, cuando le ponemos los zapatos, podemos describirle nuestros movimientos: «Desabrocho el zapato y lo acerco a tu pie, y luego meto el pie dentro». La siguiente vez, quizá meta él solo el pie dentro del zapato. Lo importante no es que empiece a colaborar en seguida, sino que tenga la ocasión de hacerlo desde el momento en el que tenga ganas. ¡Y puede que ese momento llegue antes de lo que uno cree!

El niño aprende en general a desvestirse antes que a vestirse, pero adoptar una cierta rutina a la hora de ponerle la ropa, siempre en el mismo orden y descubriéndole nuestros movimientos, le será muy útil. Él podrá participar así tan pronto sienta la necesidad.

Para ayudarlo a vestirse solo, también habrá que adaptar el entorno: un taburete bajo y estable le será útil para ponerse el pantalón, la ropa interior o los zapatos. También necesitará tener acceso a su ropa. De hecho, la elección de la ropa es importante. Deberemos seleccionar las prendas que mejor se adapten a sus capacidades según el momento. Un pantalón largo con la cintura elástica, una sudadera sin botones en el cuello o zapatos con cierre de velcro le harán más fácil la tarea de vestirse.

4

Ordenar la ropa

Para acompañar al niño hacia su autonomía, podemos
poner la ropa a su disposición, en un cajón o armario
al que pueda acceder, y también poner colgadores
a su altura para que cuelgue su abrigo y una cesta
para dejar la bufanda, los guantes y el gorro.

En una cómoda, ordenaremos las prendas según
el orden en el que deba ponérselas: encima, la ropa
interior, los calcetines y las camisetas, y debajo,
los pantalones, vestidos y jerséis, por ejemplo.
Podemos instalar compartimentos en un cajón
con ayuda de cajas de zapatos para separar
los calcetines, los calzoncillos o braguitas,
las camisetas interiores... El niño encontrará con
facilidad lo que busca y podrá ordenar sus prendas.

Si el cajón es de fácil acceso para el niño y este puede
escoger la ropa, es mejor que no esté muy lleno. La

elección es un elemento importante en
el desarrollo de la voluntad, pero escoger entre gran
multitud de elementos es difícil de gestionar.

Mientras el niño sea demasiado pequeño para
escoger solo su ropa, podemos prepararle dos
conjuntos y dejarle que escoja el que quiera llevar;
ello permite a menudo resolver problemas a la hora
de vestirse.

5

La ropa del día siguiente

Por la noche, después del baño, al niño le divertirá
preparar la ropa para el día siguiente. Para ello
necesitaremos una silla (o un galán de noche). Tras
haber escogido las prendas, las deberá colocar en
orden: el jersey sobre el respaldo, el pantalón o
la falda debajo, etc. Podemos ayudarle a hacerlo:
«¿Dónde vas a poner los calcetines? ¿Y la falda?».
Esta actividad le ayuda a construir su esquema
corporal. Es también un momento de colaboración
y de discusión que le permite enriquecer su
vocabulario: chaleco, chaqueta, medias, camisa...
Cuando pongamos en marcha esta actividad, sería
conveniente realizarla varios días seguidos para
integrarla en la rutina cotidiana. Hacia los 4 años,
el niño habrá creado el hábito de preparar su ropa
solo y le gustará ser capaz de encargarse
de dicha tarea.

6

Abotonar

Cuando el niño muestre un vivo interés por la
ropa, podemos darle medios para que practique,
en una prenda puesta plana delante de él, a abrir
cremalleras, abotonar, pegar las tiras de velcro, etc.,
y que así ya sepa hacerlo cuando deba hacerlo al
vestirse. Es más fácil hacerlo en plano y le permite
probar tranquilamente con nosotros. Poco a poco irá
superando las dificultades y al final será capaz de
hacerlo todo él solo.

También podemos crear un tablero de vestir como
los que podemos encontrar en las escuelas
Montessori: con una plancha cuadrada de madera
vacía y una vieja prenda de vestir que la cubra
por completo. Gracias a dicho material, el niño
podrá trabajar por su cuenta cuando le apetezca,
equivocarse, volver a empezar. No habrá ni presión
ni obligación de hacerlo bien
y así ganará autonomía.

7

Lavarse las manos

Es una actividad muy importante y podemos crear el hábito desde muy temprano. Habrá que preparar los elementos necesarios y asegurarse de que siempre estén listos para ser utilizados: una pequeña pastilla de jabón, una toalla para secarse las manos y un acceso fácil al lavabo. La primera vez nos tomaremos nuestro tiempo al hacerle una demostración, metódica, lavando cada mano, entre los dedos y luego el dorso y la palma. ¡A los niños les encanta! Después, nos aclararemos asegurándonos de que nos quitamos bien todo el jabón. Y luego nos secaremos las manos de forma concienzuda.

Una vez hecha la demostración, dejaremos que el niño se lave las manos como quiera, pero lo animaremos a que lo haga regularmente: antes de sentarse a la mesa, después de ir al baño, al volver de paseo...

8

Asearse

Con materiales adaptados y colocados a su alcance,
el niño podrá asearse él mismo. En un estante bajo,
dejemos un peine y un cepillo y, si es necesario, una
cestita con pasadores y una diadema. Encima
del estante colgaremos un espejo. En el estante
podemos colocar también un bote con su cepillo de
dientes y pasta dentífrica. Aquí, la colaboración es
importante: el niño aguantará el cepillo y nosotros
apretaremos el tubo para poner la pasta encima,
y luego el cepillado lo haremos por turnos. Primero le
dejaremos que lo haga solo, y luego le ayudaremos
poniendo la mano dulcemente sobre la suya para
guiarla. Después podemos dejarle que lo haga solo
de nuevo si tiene ganas.
Si el niño se niega a cooperar, podemos proponerle
usar un reloj de arena para medir el tiempo
(así desviaremos su atención) o cantar una canción
infantil durante el tiempo del cepillado
para animarlo.

9

Limpiarse los zapatos

Cuando le damos al niño los medios para hacerse cargo de sus cosas, le hace feliz contar con nuestra confianza. Podemos proponerle, de vez en cuando, que limpie sus zapatos. Para ello, deberemos preparar todo lo necesario: papel de periódico para colocar sobre la mesa, un cepillo, un paño limpio y seco y una pequeña lata de cera incolora. Le mostraremos cómo meter una mano dentro del zapato mientras con la otra mano lo cepillamos para eliminar la suciedad. Luego extenderemos la cera sobre el mismo con el paño. Lo dejaremos secar mientras el niño se ocupa del otro zapato. Después le mostraremos cómo podemos sacarle brillo con el paño. Es posible que quiera seguir la actividad limpiando otros pares de zapatos. Aprenderá así a encargarse de sus objetos personales, y eventualmente de los de los demás, y a realizar el ciclo completo de una actividad.

10
Aprender a usar el váter

Durante esta etapa es necesaria la atención de los padres y un entorno adaptado. Será la primera gran colaboración entre el niño y el adulto con un objetivo educativo. Desde el momento en que el niño se mantenga de pie ya podremos cambiarlo en esa posición. Así, podrá participar en el acto de cambiarse: quitarse el pañal, tirarlo, ponerse uno limpio. Habrá que estar atento a las señales que indiquen que el niño está listo para empezar dicho aprendizaje, porque necesitará de nuestro apoyo y nuestra perseverancia. El período sensible se sitúa entre los 12 y los 18 meses. Si lo dejamos pasar, aprender a utilizar el váter será más complicado.

Cuando empiece el aprendizaje, prepararemos, en el cuarto de baño, un rinconcito agradable con un orinal, una cesta con algunos cuentos, papel de váter y una braguita o calzoncillo limpios. Después le propondremos que se siente en él de forma regular para crear el hábito: antes de la comida, antes de la siesta, antes de irse a dormir, antes de salir de casa. Observando al niño sabremos mejor en qué momento proponérselo y poco a poco se lo iremos diciendo con más frecuencia. Será así como establecerá una relación entre sus sensaciones y el resultado en el orinal y muy pronto será él quien nos pida ir sin pañal o ir al orinal. Comprenderá también que es necesario detener una actividad para ir al váter.

Cuando el aprendizaje comience, deberemos estar presentes y ser constantes. Si el aprendizaje se realiza durante el período sensible, muy pronto el niño se mantendrá limpio durante todo el día y será autónomo para ir al baño.

1

mettre son pyjama

2

se brosser les den

3

aller aux toilettes

mettre

2

3

se bro

11

Para no olvidarse

El niño necesita nuestra presencia y nuestra constancia. Es capaz de hacer muchas cosas, pero es fácil que olvide algunas de ellas (si se distrae porque le llama la atención otra cosa) o que rechace hacerlas para reafirmar su voluntad.

Instaurar una rutina es una excelente forma de ayudarlo en la vida cotidiana. Cuando las cosas formen parte de su vida diaria, serán más fáciles de aceptar y habrá que discutir menos. Pese a ello, puede que necesitemos un pequeño recordatorio, que podremos crear mediante imágenes. Para el ritual nocturno, por ejemplo, antes de acostarse, podemos preparar una serie de imágenes y colgarlas en el cuarto de baño: 1 Lavarse los dientes, 2. Ir al váter, 3. Lavarse las manos y la cara... Esto nos evitará tener que ir detrás de él para recordarle constantemente lo que debe hacer. Le gustará valerse de las imágenes para recordar.

Tomar conciencia del entorno

Al dar al niño la posibilidad de participar en la vida cotidiana aprenderá a tomar conciencia del entorno interior del hogar. Este capítulo da ideas para realizar actividades, pero fácilmente podréis inventar otras. Lo que cuenta en estas actividades es la colaboración, la cual permitirá que poco a poco el niño haga las cosas por sí mismo.

12

Limpiar los cristales

Limpiar los cristales es una actividad que gusta mucho a los niños. Habrá que encontrar un cristal a su altura y usar un pulverizador adaptado a sus pequeñas manos y unos cuantos trapos.
Le explicaremos cómo usar el pulverizador y luego cómo restregar con el trapo. Al principio, corremos el riesgo de que el niño pulverice demasiado y no se acuerde de restregar, pero no olvidemos que los aprendizajes exigen tiempo y paciencia.
No dudéis en mostrarle los movimientos en más de una ocasión o hacerlos con él. Si nunca restriega el agua con el paño, mantengámonos cerca de él para hacerlo. Poco a poco la actividad será cada vez menos caótica y sus movimientos se volverán más y más precisos. Cuantas más veces realice la actividad, más se dará cuenta de los detalles (el agua que queda en los cristales o que ha caído al suelo). Esta actividad le lleva a realizar movimientos amplios que hacen trabajar todo el cuerpo.

13

Pasar la esponja

Cuando un niño utiliza agua, los accidentes son frecuentes. Podemos poner a su disposición una pequeña esponja o estropajo y un paño. Podrá utilizarlos cuando necesite limpiar algo, o solamente por el mero placer de hacerlo. Le mostraremos cómo pasar la esponja, cómo escurrirla sobre la pica, y luego cómo secar una superficie con el trapo. ¡Atención! No se trata de obligar al niño a que limpie. Simplemente, debemos seguir sus necesidades y permitirle que vaya tomando conciencia de sí mismo y de su entorno. Si no siente ninguna presión por parte del adulto, estará contento de hacerlo.

14
Limpiar la mesa

Limpiar la mesa es una actividad en la que el niño utilizará todo su cuerpo: deberá hacer movimientos más amplios y otros más precisos. Prepararemos lo necesario: una palangana pequeña con agua, un pequeño cepillo y un paño. Si el niño es capaz, podrá llenar él mismo la palangana con una jarra. Pondremos el cepillo dentro del agua. Le mostraremos cómo pasarlo por encima de la mesa teniendo cuidado de cubrir toda la superficie, los bordes, las esquinas... La atención que pongamos y la minuciosidad con la que lavemos por todas partes serán absorbidas por el niño que nos observa. Cuando la mesa esté limpia, la secaremos con el paño. Tras esta demostración, propondremos al niño que lave otra superficie. Al final, lo ayudaremos a guardar el material. Más adelante podrá realizar esta actividad él solo, ya que conocerá todas sus etapas.

15

Quitar el polvo

El niño estará contento de acompañarnos por toda la casa con un pequeño plumero para quitar el polvo al tiempo que nosotros limpiamos, ordenamos o pasamos el aspirador.

Mostrémosle primero de todo cómo utilizarlo, haciéndole ver que la superficie de los muebles se llena de polvo, ¡solo hay que pasar el dedo por encima para apreciarlo!

Hagámosle ver que hay que quitar los objetos para quitar el polvo de debajo y no solamente rodearlos con el plumero. Cuanto más precisos sean nuestros gestos, más interés mostrará el niño por la actividad y más ganas tendrá de imitarnos.

Limpiar la casa no tiene por qué ser una lata, puede convertirse en una diversión compartida. El niño aprenderá así que es agradable mantener su entorno limpio y ordenado.

16

Ordenar los calcetines

El niño que está descubriendo el mundo necesita entender el lugar y la función de cada cosa. Para ello podemos contar con él al ordenar. Por ejemplo, cuando doblemos la colada, él puede ocuparse de los calcetines. La selección es una actividad que les gusta mucho, ya que se corresponde con su necesidad de orden y clasificación.

Le mostraremos que los calcetines van de dos en dos y le propondremos juntar cada par. Después le dejaremos que lo haga solo si no pide ayuda. Hasta los 3 años, al niño le costará realizar actividades sin la colaboración de un adulto. Poco a poco, se separará de nosotros y llevará a cabo las tareas de forma serena sabiendo que en cualquier momento puede contar con nuestra presencia y nuestra ayuda.

Una vez terminada la selección, podrá poner los calcetines en su sitio. A los niños les encanta ordenar las cosas de cada uno. La frase «cada cosa en su sitio» es de una importancia capital para ellos.

17

Escoger los cubiertos

Ordenar y seleccionar son actividades muy apreciadas por los niños en pleno período sensible del orden, y su necesidad de orden es una etapa importante de su desarrollo. Resultará muy fácil llevar a cabo pequeñas tareas muy simples. Cuando vaciemos el lavavajillas, por ejemplo, podemos dejar que escoja los cubiertos. Para un niño de 2 años resultará muy interesante: se tomará el tiempo de observarlos, buscar su sitio y ordenarlos para que todos miren hacia la misma dirección. Si al principio se equivoca, evitemos reñirlo. Muy pronto será capaz de ver sus propios errores y corregirlos. Su elección se volverá más precisa. Si interrumpimos su actividad corremos el riesgo de romper su impulso y que tenga una sensación de rechazo. El niño trabaja por sí mismo: nuestros comentarios harán que se desconcentre y vuelva su atención hacia nosotros.

18

Cuidar una planta

Un niño puede aprender a ocuparse de otra forma de vida. Encargarse del cuidado de una planta es un buen comienzo. Escogeremos una planta muy resistente y se la ofreceremos junto al material necesario adaptado a sus necesidades: una pequeña regadera, una esponja para secar el agua que se caiga, un pequeño pulverizador y un pompón de lana.

Si colocamos su planta al lado del resto, se ocupará de ella al mismo tiempo que nosotros. Mostrémosle cómo regarla, enjugar las gotas de agua con la esponja y, de vez en cuando, a pulverizar las hojas. Otro día, enseñémosle a quitarles el polvo con el pompón.

Hacemos todo esto con él para enseñarle los gestos delicados y respetuosos que deberá adquirir. Si la planta tiene hojas o flores secas, le mostraremos también cómo quitarlas.

19

Hacer un ramo de flores

El niño estará muy contento de participar en la
creación de un ambiente agradable en el que
se sentirá bien. Para realizar esta actividad,
prepararemos tres pequeños jarrones, flores cortadas
a la medida de estos, una jarra de agua, un pequeño
embudo, una esponja y tapetes para poner bajo los
jarrones. Como el niño es muy sensible al lenguaje,
tomemos el tiempo necesario para presentarle cada
objeto, así como el nombre de las flores.

La primera vez, tomaremos el embudo y llenaremos
el primer jarrón. Después escogeremos una flor que
nos guste y la meteremos dentro con delicadeza,
luego otra, y así sucesivamente. Mostraremos
al niño que damos importancia a la belleza del
resultado. Luego tomaremos un tapete y dejaremos
este y el jarrón en algún lugar de la casa. Después,

invitaremos al niño a que prepare los otros dos y los coloque donde prefiera. ¡Estará orgulloso de mostrar sus creaciones! Esta actividad lo pondrá en contacto con la creación y la observación y hará trabajar sus manos y su precisión.

20

Hacer la colada

Numerosas actividades de la vida práctica necesitan
que utilicemos trapos. Cuando el cesto de los
trapos sucios esté lleno, ¡es hora de hacer la colada!
Harán falta dos palanganas, jabón, un cepillo,
un tablón y un fregadero. Llenaremos de agua la
primera palangana. Le mostraremos al niño cómo
lavar: poniendo un trapo plano sobre el tablero,
enjabonándolo y luego cepillándolo. A continuación,
lo meteremos en la segunda palangana.
Después le tocará al niño lavar si lo desea. Cuando
haya terminado, vaciará la palangana en el fregadero
y la llenará de agua limpia para aclarar los trapos.
Le mostraremos cómo frotarlos y luego escurrirlos.
Si tiene el material a su disposición, el niño podrá
realizar esta actividad siempre que lo desee y
disfrutar con ella.

21

Tender la ropa

El niño necesita ejercitar su motricidad fina
imitándonos y utilizando objetos reales.

Escojamos pequeñas pinzas para la ropa que sean
fáciles de abrir e instalemos un hilo de tender a su
altura. Meteremos en una cesta todo lo que pueda
tender: calcetines, braguitas, calzoncillos, pañuelos...
Trabajando con nosotros, tendrá la sensación de que
está realizando una tarea importante. Esta actividad
puede proponerse también justo después de la de
lavar los trapos.

Para iniciar este aprendizaje, podemos
proporcionarle un recipiente con pinzas para que
se entrene a colocarlas en el hilo. Al principio
le encantará observarnos. Repetiremos nuestras
acciones tantas veces como sea necesario.

22
El movimiento exacto

Para podernos imitar, el niño debe observarnos.
La mayor parte del tiempo, actuamos muy deprisa
y nuestras acciones le parecen desasociadas unas
de otras porque hacemos muchas cosas a la vez.
Todo esto complica el aprendizaje del niño que
intenta reproducir nuestros movimientos.

Intentemos ser más precisos y más lentos, analizando
cada etapa. Hacer las cosas siempre de la misma
forma y en el mismo orden le ayudará a imitarnos.
Para ello, reservemos momentos a lo largo de la
jornada en los que descompondremos las etapas
metódicamente.
Adaptarse al ritmo del niño requiere un poco de
concentración, pero nos ayudará a estar en el
momento presente, igual que él.

23
A propósito del orden

Maria Montessori aseguraba que los niños tienen necesidad de orden para su desarrollo. Una casa desordenada, sobrecargada de objetos y con demasiados estímulos los ahoga y los frustra a la hora de dar sentido a su entorno. Observando los juegos del niño, vemos cómo se manifiesta su deseo de orden: clasifica sus cubos por colores, alinea sus cochecitos, se enfada si nos ponemos el jersey de papá o si cambiamos una palabra al explicarle el mismo cuento. Tiene una fuerte necesidad de poner orden allí donde, según su lógica, no lo hay. Sabiéndolo, no nos extrañará que tenga tantas ganas de ordenarlo todo. Para alimentar dicha necesidad, deberemos prestar especial atención a su entorno: seleccionar los objetos, instalar estantes a su altura con un lugar designado para cada cosa, crear rituales cotidianos, hacer las cosas siempre en el mismo orden, utilizar las palabras exactas.

La noción de orden aparece entre el nacimiento y los dos años, y después se perfecciona. Es a partir del orden que el niño observa lo que ve a su alrededor, se construye una representación intelectual de su entorno y ordena las cosas en su mente.

En la cocina

La cocina es un paraíso sensorial para el niño: allí
tocamos, degustamos, olemos y manipulamos.
Podemos hacer juntos una gran variedad de
actividades.
El niño nos querrá imitar y hacer cosas por su
cuenta, pero no solo. Todavía nos necesita a su lado.
En la cocina estará contento de trabajar codo a codo
con nosotros.

24

La organización de la cocina

La cocina es el lugar perfecto para ordenar el material
del niño. Si es posible, instalad una mesita baja para
que pueda realizar sus actividades y/o comer allí. Si
la cocina es demasiado pequeña, habrá que prever un
acceso al lugar de trabajo con un alza suficientemente
grande para que llegue con facilidad. Dejemos en un
armario o estante a su altura todo lo necesario para
poner la mesa o tomar un tentempié. En el mismo
lugar, pongamos los utensilios que utilizará para
cocinar con nosotros. Podemos guardar también en la
cocina el material para pintar.

En otro armario, el niño deberá encontrar utensilios de
limpieza: una pila de trapos pequeños, una esponja
y una palangana, una escoba, una fregona y un cubo
de su medida, un pulverizador... Además, estaría bien
darle acceso al fregadero y al cubo de la basura para
ayudarle a realizar actividades de forma autónoma.

25
Poner la mesa

Si tenéis la posibilidad de instalar una mesa pequeña,
el niño podrá poner en ella sus cubiertos con facilidad,
así como los de sus hermanos. Esta actividad le
ayudará a hacer sus movimientos más precisos y a
mejorar su coordinación, así como a desarrollar su
comportamiento social al participar de la vida familiar.
Para empezar, prepararemos manteles individuales
de papel en los que dibujaremos con un rotulador
los contornos de los objetos que deberán ir encima:
los platos, los cubiertos y los vasos. Con esa guía, el
niño reconocerá los elementos que debe coger del
armario y donde colocarlos en la mesa. En un armario
a su alcance, dejaremos todos los utensilios que le
harán falta: los manteles, los platos, los cubiertos y
los vasos. Cuando sea capaz de realizar esta actividad
cómodamente, podrá ayudar a poner la mesa de los
mayores. También podrá llevar la sal, la pimienta o
una pequeña jarra de agua.

26

Preparar un tentempié

En la cocina, el niño podrá tener a su disposición en su estante o armario un lugar reservado para la merienda o un tentempié para tomar durante la mañana: un bote con frutos secos, otro con tortitas de arroz, rodajas de pan y un cuchillo para untar...

Dictaremos, por supuesto, ciertas reglas para su uso, y el niño siempre tendrá que pedirnos permiso antes de utilizarlos. Así podrá decidir qué le apetece comer, servirse él mismo y sentarse a su pequeña mesa sin tener que pedirnos ayuda.

27

Servirse la bebida

Un niño que se haya acostumbrado a comer solo
nos pedirá muy pronto beber en un vaso. Podemos
acompañarlo muy pronto en ese aprendizaje
proponiéndole un vaso pequeño y una jarrita, ambos
de cristal. Al principio, le serviremos nosotros para
que observe nuestros movimientos. Después, un día (a
partir del año) manifestará sus ganas de intentarlo solo.
Hará falta entonces armarse de paciencia y dejarlo
hacer. Podremos estar a su lado para ayudarle a
echarse la bebida en el vaso, pero deberemos dejarlo
experimentar y observar el resultado de sus acciones.
Podemos poner una servilleta absorbente sobre la mesa
y dejar que pruebe al principio con poca cantidad de
agua. Si le gusta realizar la actividad, muy pronto sus
gestos se volverán más precisos y seguros.
Estará contento de poderse ejercitar y se sentirá
respetado y escuchado en su necesidad de autonomía.

28
Cortar

El niño es capaz hacer multitud de cosas mucho antes de lo que creemos. Por ejemplo, sabrá cortar si le proporcionamos los utensilios adaptados a él. Para empezar, démosle un cortador de verduras de plástico con hoja de sierra: las dos manos deberán colocarse lejos de la hoja, así el peligro será menor. Mientras le mostramos cómo utilizarlo, nuestros gestos deben transmitir la sensación de peligro y la necesidad de manipular el utensilio con cuidado.

Después, podrá tomar un cuchillo de punta roma para cortar un plátano, por ejemplo. Una mano aguantará el mango mientras la otra se colocará sobre la parte de la hoja que no corta, bien plana. Durante estas actividades, habrá que asegurarse de que los cortes van de izquierda a derecha, en el sentido de la escritura y la lectura. Por ejemplo, si

le damos algunos trozos de calabacín para que los corte, pondremos los calabacines a la izquierda, la tabla de cortar y el cuchillo en medio y el plato para depositar los trozos cortados a la derecha.

Durante las actividades culinarias, animemos al niño a que las realice de principio a fin: cortar toda la fruta, tirar los restos a la basura, limpiar el material y guardarlo. Una vez terminado todo podrá sentarse a degustar lo que ha cortado. Su perseverancia, su paciencia y su voluntad se verán así reforzadas. Aunque resulte un poco difícil al principio, estará contento de compartir lo que ha preparado.

Para variar las actividades, podremos proponerle también un pelador de patatas. Y cuando sepa utilizar ya el cuchillo, podrá cortar otras cosas a nuestro lado, siempre bajo nuestra vigilancia. Estará contento de participar en la preparación de las comidas y se sentirá verdaderamente útil.

29
Untar

Durante el desayuno, el niño podrá prepararse fácilmente una tostada con mantequilla y/o mermelada con el cuchillo de untar. Dependerá de nosotros otorgarle la confianza para hacerlo, dejarle que lo intente y prever un poco de tiempo en el desayuno cuando manifieste ganas de untar.

Como siempre, la elección del utensilio es importante: necesitará un pequeño cuchillo de mantequilla. Para preparar un tentempié, podrá también untar queso fresco o paté.
Untar el pan solo es una etapa más hacia su autonomía.

30

Lavar los platos

Solo se necesita una adaptación muy simple para que un niño de 2 años ayude a lavar los platos. Lo ideal es tener un fregadero doble. Si no es posible, habrá que prever una palangana para el aclarado.

Para empezar, invitemos al niño a ponerse el delantal. Luego llenemos de agua la primera pica (con un poco de lavavajillas), así como la segunda, para el aclarado. La vajilla a lavar deberá colocarse a la derecha del fregadero. El niño tomará un objeto, lo meterá en el agua, lo frotará con la esponja, lo aclarará después con agua limpia en la otra pica y lo dejará en el escurridero. Cuando haya terminado, podrá vaciar de agua las picas y pasar la esponja alrededor.

Podrá entonces secar la vajilla con un trapito y guardarla. Al principio, secar la vajilla no le resultará nada fácil: preparémosle un paño especial trazando un círculo en el centro con un rotulador permanente. El niño lo colocará plano y pondrá encima el objeto a secar, sobre el círculo, y lo envolverá metiendo las puntas hacia dentro. Para finalizar, guardará la vajilla y luego su delantal. Empezar y finalizar poniéndose y quitándose el delantal es una forma de marcar con precisión el inicio y el final de la actividad.

31

Cocinar con niños

Cocinar con el niño es un momento agradable en el que compartimos y transmitimos conocimientos. El niño participa en la vida familiar y aprende a utilizar cierto número de utensilios. Ejerce su motricidad, descubre texturas y olores y aprende un vocabulario preciso. También toma conciencia de la noción de encadenamiento: ponemos tal ingrediente antes que tal otro.

El pequeño podrá empezar por hacer actividades muy simples: disponer en un plato trozos de verduras cortadas, lavar las patatas, cortar los pies de los champiñones. Poco a poco, participará en más y más actividades. Si le preparamos todos los ingredientes, rápidamente podrá seguir una receta él solo. Como con todas las actividades de la vida práctica, lo esencial es pensar bien la actividad de antemano antes de proponérsela.

32

Hacer pan

Hacer pan es una actividad interesante porque es algo cotidiano, o casi. Será rápidamente integrada en la rutina del niño y se convertirá en una referencia. La repetición es importante: permite afinar los movimientos, analizar las diferentes etapas y percibir siempre más detalles.

Preparemos primero todos los ingredientes: un bol con levadura fresca, agua tibia, una pequeña taza con sal, una tarrina con harina y un plato pequeño con aceite. A continuación daremos instrucciones precisas. Echaremos el agua sobre la levadura, y luego lo moveremos bien. Después habrá que hacer un hueco en la harina, tirar el líquido dentro, luego la sal y mezclarlo todo con una espátula de madera. Después habrá que moldear la pasta resultante. Para que no se nos pegue a los dedos, nos untaremos las manos con aceite. El amasado es un trabajo difícil para el niño, pero le gustará el ejercicio de fuerza y manipulación. Formaremos una bola. Con ayuda de un cuchillo el niño podrá dividir la pasta en trozos más pequeños. Deberemos resistir la tentación de ayudarlo a hacer pequeños panecillos ideales, todos idénticos: es su tarea, corregirlo le enviaría un mensaje negativo.

Después habrá que dejar que la masa suba. Esperar resultará algo tedioso, pero al niño le gustará comprobar cómo crece la masa. ¡Y por fin llega el momento de cocer el pan!

Cuando realicemos actividades largas como esta, es importante mantener la atención del niño hasta el final. Al guiarlo para que las termine lo ayudamos a ser perseverante y él gana en confianza y autonomía.

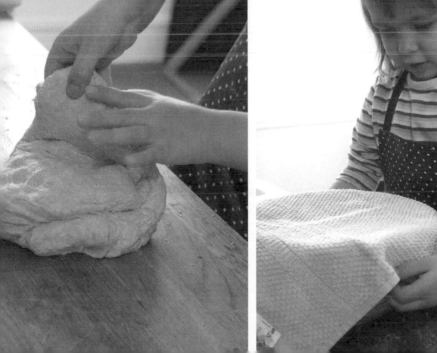

Pequeñas ideas para realizar actividades

Los niños adoran por naturaleza realizar actividades completas, incluso si no tienen un objetivo obvio. Una actividad que tiene un principio y un fin ayuda al niño a concentrarse y a desarrollar la paciencia y la constancia.

Veamos a continuación algunas actividades que podemos proponerle al niño a partir de los 15 meses.

33

Transvasar

Cuando el niño muestre ganas de transvasar, verter, vaciar, llenar... (lo hará en la bañera con los recipientes a su alcance), le encantará ganar en precisión y entrenarse fuera de esos momentos de juego. Para empezar, propongámosle verter elementos grandes, como judías o garbanzos secos. Al principio, le prepararemos dos pequeños boles y las legumbres que podrá pasar de un bol al otro directamente o transvasar con las manos. Después le haremos utilizar un cucharón, algo que le obligará a realizar movimientos más precisos y tener más concentración. Cuando realice ambas actividades con facilidad (hacia los 2 años y medio), le presentaremos dos jarritas idénticas, igual de pequeñas y ligeras, en una bandeja. Es importante mostrar la actividad al niño con gestos precisos y lentos para que pueda entenderlos bien e integrarlos.

Cogeremos la jarrita con delicadeza, la colocaremos justo encima de la otra y verteremos con cuidado para que el niño tenga tiempo de ver las legumbres caer de una a la otra. Luego empezaremos en sentido inverso, cambiando de mano. Si cae alguna legumbre en la bandeja, las recogeremos haciendo pinza con el índice y el pulgar.

Aunque al principio el niño sea un poco torpe y la actividad caótica, no olvidemos que quiere imitarnos y hacerlo bien. Depende de nosotros confiar en él y ofrecerle el tiempo necesario para entrenarse.

Todos los tipos de transvase le interesarán, así que podemos inventarnos cualquier otro con facilidad.

34

Transvasar con esponja

Para esta actividad, pondremos dos boles (grandes, pero no muy altos) y una pequeña esponja sobre una mesa baja. En el bol de la izquierda, verteremos un poco de agua (el niño puede hacerlo solo si es capaz).

Tomaremos el tiempo necesario para enseñarle cómo hacerlo: sumergiremos la esponja en el bol, luego la pondremos al fondo del bol vacío y apretaremos con las manos. Volveremos a hacer el mismo gesto hasta que el bol de la izquierda esté vacío. En ese momento, podemos mostrar al niño que el primer bol está vacío:
«¿Has visto? ¡Ya no queda agua!».
Recomenzaremos en sentido inverso: transvasando el agua del bol de la derecha al de la izquierda. Cuando hayamos acabado, podremos mostrarle de nuevo que el bol está vacío. Luego enjugaremos con la esponja las gotas de agua que hayan caído a la mesa y alrededor del niño.

Esta actividad le enseña, entre otras cosas, a utilizar una esponja. Entenderá que la esponja no puede absorber más agua si no la escurrimos.

35

Pescar pequeños objetos

Cuando el niño empieza a ser hábil utilizando las manos, busca actividades que le ayuden a mejorar su precisión. Esta actividad consiste en «pescar» elementos que flotan en un bol de agua. Empezaremos con objetos grandes y una cuchara o cucharón perforados, y cuando el niño controle perfectamente sus movimientos, le propondremos que use una pequeña espumadera. Entonces deberá hacerlos con mayor minuciosidad.

Pondremos todos los elementos a su disposición en su mesita: un gran bol de agua, elementos que floten (avellanas, cuentas de plástico, etc.), una espumadera, otro bol para dejar los objetos pescados y, por supuesto, una esponja para limpiar. Gracias a esta actividad, el niño trabajará la coordinación ojo-mano, la precisión y la paciencia, además de su capacidad de concentración.

Otras ideas de actividades para la vida práctica

Lavar una lechuga
Lavar champiñones
Cepillar la tierra de las patatas
Deshojar alcachofas
Desvainar habas o guisantes
Quitar el tallo a las judías verdes
Hacer una pizza
Hacer una tarta de manzana
Hacer un pastel o yogur
Desgranar maíz para hacer palomitas
Preparar germinados
Deshuesar aceitunas
Utilizar un embudo
Utilizar un colador

...

La vida sensorial

Maria Montessori describía al niño
como explorador sensorial.
Es mediante todos los sentidos, en efecto,
que percibe, recibe y comprende el mundo
que le rodea.
Tomemos conciencia de ello y animémosle
a que mantenga sus sentidos bien
despiertos.

Los sentidos son órganos de «prensión» de las imágenes
del mundo exterior, necesarias para la inteligencia.

María Montessori, Pedagogía científica, tomo 1.

36

Selección y clasificación

¡A partir de los 2 años, los niños aprecian
las actividades de selección y clasificación
y son capaces de llevarlas a cabo con mucha
concentración, en respuesta a su necesidad de
orden y según su propia lógica. De forma cotidiana,
pueden participar en actividades de selección como:
ordenar los cubiertos al vaciar el lavavajillas, ayudar
a separar clavos y tornillos que estén mezclados,
o los botones de la caja de costura... Podemos
proponerle este tipo de actividad, pero tengamos en
mente que la selección o clasificación solo deberá
seguir un único criterio cada vez: la forma, el tamaño
o el color, por ejemplo.

Para empezar, escogeremos frutos secos o grandes
botones de formas muy diferenciadas. No tomemos
más de tres objetos de cada categoría (tres nueces,

tres avellanas, tres castañas) y mostremos al niño cómo separarlos disponiéndolos en cestitas o platitos. Cuando nuestra selección haya terminado, le mostraremos que en cada cestita no hay más que objetos iguales. Luego le tocará probar a él.

Cuando domine estas primeras selecciones sencillas, le daremos a escoger entre objetos que se parezcan cada vez más entre ellos. Para acabar, deberá realizar el mismo ejercicio con los ojos cerrados. Entonces tendrá que reconocer los objetos mediante el tacto y memorizar su lugar en cada una de las cestitas.

37

Una caja de botones

Podemos dejarle al niño una gran caja de botones
y algunos botes más pequeños, todo dentro de
una bandeja o un mantel individual para limitar
las pérdidas. Cuando le ofrezcamos objetos para la
exploración sensorial, dejémosle hacer sin guiar sus
descubrimientos y sin intervenir (si es que dicho
material no necesita ninguna demostración).
Podrá meter las manos en la caja de botones
y seleccionarlos de modo que solo deba guardar en
un bote los más pequeños, o los de color rojo o azul.
Poco a poco irá percibiendo más detalles: los que
son de metal, los cuadrados, los de dos agujeros
y los de cuatro. Podrá llenar y vaciar los botes,
abrirlos, cerrarlos y utilizarlos para sus selecciones.
Si le dejamos explorar según su propia iniciativa, sin
comentar lo que hace, podrá concentrarse y hacer
más descubrimientos por sí mismo.

38

Los colores

Para iniciar el descubrimiento sensorial de los colores, podemos confeccionar tres pequeños sacos de tela (uno rojo, uno azul y uno amarillo) en los que meteremos cuatro o cinco objetos del mismo color que el saco. Presentaremos primero al niño cada saco y su contenido por separado. Más tarde, podrá utilizar los tres sacos al mismo tiempo y hará una selección por color ordenando los objetos.

Se pueden realizar otras actividades de selección por colores con facilidad, con los palitos de colores que se venden en tiendas de manualidades, por ejemplo. Podemos preparar botes de colores utilizando los recipientes de cristal de los yogures y forrándolos con papel de cada color. El niño deberá seleccionar los palitos y colocarlos en el bote correspondiente.

39

La caza de los colores

La caza de los colores es un sencillo juego muy
divertido que invita al niño a tomarse el tiempo
para observar los colores. Esta actividad se puede
realizar a partir del momento en que se interese
por los colores y sea capaz de distinguirlos. Para
empezar, escogeremos un color, el rojo, por ejemplo,
e invitaremos al niño a observarlo: una gran hoja
de papel rojo, una tablilla de madera pintada de
rojo o la tablilla roja de la primera caja de colores.*
Le mostraremos el rojo y lo nombraremos: «Rojo.
Es el rojo», y juntos pondremos sobre la mesa los
objetos rojos que vayamos encontrando por casa.
Al principio, aunque el ejercicio parezca fácil, el
niño necesitará un poco de ayuda. Pero una vez
que entienda la dinámica, se involucrará fácilmente
en el juego. Cuando se canse de esta búsqueda, le
invitaremos a observar el bonito cuadro rojo que

forman todos los objetos. Es una buena forma de impregnarse de dicho color a la vez que se divierte.

Habrá que evitar componer varios cuadros al mismo tiempo para no crear confusión y permitir una mejor memorización del color. No dudemos en hacer la actividad más de una vez con cada color. La repetición siempre resulta útil para el aprendizaje.

* Primera Caja de Colores: material Montessori utilizado en clase entre los 3 y los 6 años. Se compone de seis tablillas de madera colocadas en parejas (dos rojas, dos azules, dos amarillas). Si tenéis este material en casa, os podrá servir de referencia para realizar la actividad.

40
Reconocimiento visual

Esta actividad, muy sencilla de realizar, puede
evolucionar en paralelo a la capacidad del niño.
Escogeremos dentro de casa varios objetos pequeños
de formas simples y reconocibles: un martillo, una
regla, una caja redonda, un tenedor, un molde en
forma de estrella... Dispondremos estos objetos
sobre una cartulina y trazaremos su contorno con un
rotulador negro. Después los dejaremos en una cesta.
El niño deberá reconocer la forma y colocar el objeto
encima, de forma que lo cubra por completo.
Para empezar, al niño le resultará más fácil reconocer
las formas si están rellenas y no solo silueteadas, por
lo que podemos rellenarlas de negro.
Se puede proponer a continuación la misma
actividad con cartas de animales o de árboles que el
niño deberá asociar a su silueta y para la que deberá
observar minuciosamente.

41
Burbujas de colores

He aquí otra actividad de descubrimiento de los
colores con discos recortados de bolsas de plástico
de colores (rojos, azules, amarillos).
Mostraremos al niño que puede pegarlos en un
cristal. Para que los discos se aguanten, habrá que
humidificar el cristal con un vaporizador, ¡algo que
le encantará hacer!

Esta actividad tan visual le gustará a cualquier
edad. El niño más pequeño se divertirá pegando y
despegando los discos, ya que así hará trabajar sus
dedos. Le gustará observar la luz que pasa a través
de los círculos creando bonitos reflejos coloreados
en el suelo.
Un niño más mayor descubrirá las mezclas de
colores superponiendo los discos.

42
El saco de los misterios

Este pequeño juego tiene por objetivo afinar el tacto utilizando el sentido estereognóstico, es decir, la capacidad de reconocer un objeto palpándolo. Para ello reuniremos seis pequeños objetos familiares muy diferentes al tacto: una nuez, una pulsera, una piña, una concha, una cucharilla... y los meteremos en una bolsa de tela.

Para empezar, sacaremos los objetos de la bolsa, uno por uno, y los tocaremos para memorizar su forma. Invitaremos al niño a hacer lo mismo y nos aseguraremos de que es capaz de nombrarlos todos. Luego los volveremos a meter en la bolsa. Más tarde pondremos las manos dentro de la bolsa, tocaremos uno de los objetos y anunciaremos: «He cogido la piña». Es importante decir el nombre del objeto antes de sacarlo. Luego será el turno del niño.

Al principio, es posible que intente mirar dentro de la bolsa, pero poco a poco confiará cada vez más en sus manos, que serán cada vez más sensibles.
Esta actividad tan lúdica proporciona un trabajo muy completo: concentración, motricidad fina, precisión del tacto y del vocabulario.

Variante

Prepararemos esta vez objetos por pares (dos nueces, dos piñas...). En la bolsa meteremos la primera serie de objetos y la segunda la dejaremos fuera. Tomaremos, por ejemplo, la nuez, la palparemos y diremos: «Voy a buscar la nuez». Luego meteremos la mano en la bolsa para buscarla. Invitaremos al niño a que haga lo mismo cuando sea su turno de jugar.

43

Los cojines táctiles

Confeccionaremos pares de pequeños cojines de diferentes materiales (algodón, lana, seda, cuero, falsa piel, nido de abeja, con bordados...).

El niño podrá explorar los cojines libremente, con todos los sentidos: podrá mezclarlos, olerlos, pasárselos por la mejilla, tomarlos en sus brazos... Luego le indicaremos que los cojines van por pares y le invitaremos a ordenarlos de dos en dos desde el momento en que sea capaz y a condición de que muestre interés en dicha actividad.

Más tarde, hacia los 2 años y medio, podemos sacar de nuevo los cojines. Meteremos una serie dentro de una bolsa grande y dejaremos la otra a la vista. Tomaremos un cojín y lo tocaremos con las manos. Luego, sin mirar, buscaremos su pareja en la bolsa. Lo pondremos al lado de esta recalcando que son

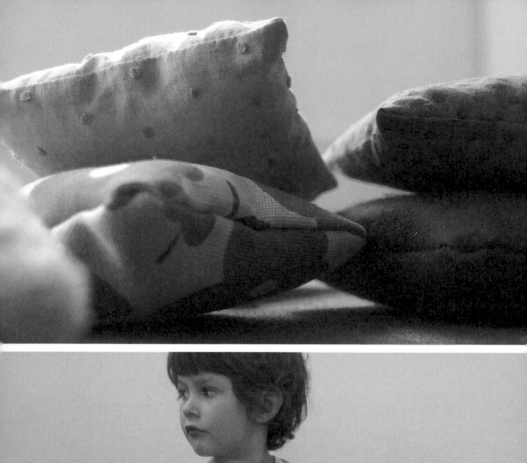

idénticos. Luego le tocará probar al niño. Si se equivoca, algo que pasará al principio, dejaremos el cojín dentro de la bolsa, le haremos que toque de nuevo el que está fuera y que vuelva a empezar la búsqueda. No hará falta que le indiquemos su error: lo verá por sí mismo.

El niño no realizará esta actividad él solo, necesitará nuestra ayuda para guiar el juego, sostenerle el cojín que debe tocar y... ¡para asegurarnos de que no mira dentro de la bolsa!

Variante

También podemos realizar pequeños cojines del mismo color con rellenos diferentes: arroz, sémola, avellanas...

44

Tocar materiales

Podemos responder a la curiosidad del niño proponiéndole diferentes materiales para que los toque. Le encantará moldear la masa del pan, meter las manos en un bol con judías secas, acariciar la piel de un animal... Todo ello le procura sensaciones muy distintas y le da información sobre su entorno. Hacia los 2 años y medio, podemos proponerle esta actividad: en una cesta, meteremos cuatro objetos blandos (un pequeño cojín, una pelota mojada, una esponja...) y cuatro objetos duros (una piedra, un cubo de madera, una castaña...).

Tomaremos los objetos uno por uno y los apretaremos para evaluar su dureza. Diremos: «Es blando» o bien «Es duro» colocando los objetos en dos pilas. Luego continuaremos con el niño. Esta actividad le invita a prestar atención a sus sensaciones. Podemos realizar la misma actividad con una selección de objetos lisos y rugosos.

45

Recorrido sensorial

Andar con los pies descalzos resulta muy beneficioso: el niño podrá sentir la suavidad del parquet, el frío de los azulejos, lo mullido de la moqueta. Sin calcetines, sus pies no resbalan, tiene mayor confianza en su cuerpo y recibe datos sensoriales muy ricos en detalle.

Podemos crear un recorrido sensorial, un camino que se componga de diferentes materiales: un cojín blando, un trozo de moqueta, una alfombra rizada, una alfombra de fibra, un felpudo rugoso, una cubeta rellena de arena, una hoja de papel de burbujas, una plancha de madera, una alfombra de piedras...

Le mostraremos cómo caminar lentamente sobre cada una de las diferentes superficies, con los brazos

a los costados para no perder el equilibrio. Luego
lo invitaremos a que pruebe. La primera vez puede
que debamos cogerlo de la mano. Para las siguientes
veces podemos cambiar el orden de las texturas o
trazar un recorrido más complejo.

46
Globos sensoriales

Esta es una actividad que puede ser compartida por niños de diferentes edades. Necesitaremos globos de colores idénticos y pequeños elementos para introducir en su interior: avellanas, garbanzos, sémola, agua...

Con los niños que quieran hacerlo, llenaremos los globos con los objetos antes de inflarlos. Luego, la exploración será libre. Al ser transparentes, vemos los objetos saltando dentro de los globos y el agua moviéndose. Los ruidos que hacen los objetos dentro de los globos les parecerán increíbles, ¡no dejarán de jugar con ellos! Al dejar el globo en la palma de la mano, podremos notar el peso del agua, cómo chocan los granos... Son sensaciones muy agradables.

Podemos igualmente preparar una cesta con pelotas de diferentes texturas para que las exploren.

47

Aprender a escuchar

Nosotros apenas prestamos atención a los sonidos que nos rodean, ya que nuestro cerebro los reconoce y los tenemos perfectamente integrados. Pero no le sucede lo mismo al niño, ya que todos sus sentidos están despiertos y muy pronto se llevará el dedo a la oreja cuando escuche un sonido que conoce o, al contrario, que todavía no conoce. Proponemos aquí dos pequeños juegos para ayudarlo a identificar sonidos y afinar sus percepciones.

1. Escogeremos un momento en el que el niño esté tranquilo y dispuesto a escuchar. Le pediremos que esté callado, totalmente en silencio, y que cierre los ojos. Después haremos un ruido reconocible (abrir un cajón, romper un papel, abrir el grifo, o la nevera, o la basura...) y el niño deberá adivinar qué lo ha producido.

Si no consigue mantener los ojos cerrados, puede esperar fuera de la habitación. También podemos intercambiarnos los roles. Al niño le encantará hacernos adivinar a nosotros los ruidos que haga.

2. Este segundo juego le ayudará a tomar conciencia del sonido en el espacio y a trabajar el reconocimiento auditivo: le pediremos que se siente en el centro de la habitación, con los ojos cerrados, y que escuche. Haremos un ruido y el niño deberá indicar con el dedo de donde proviene. De nuevo, intercambiaremos los roles.

48

El olfato y el gusto

Sobre el principio del saco de los misterios (actividad 42), podemos jugar con el niño a adivinar un alimento solamente por el gusto.

Al principio, le propondremos alimentos de gustos muy diferentes: mermelada, yogur natural azucarado, compota... Y luego más parecidos: limón, naranja, pomelo...

Otro día, le propondremos que huela todo lo que encontremos en la cocina, en el jardín o en otra parte: aceite de oliva, vinagre, pimienta, curry, una manzana, una naranja, lechuga, col, pan...

Invitémosle a que haga trabajar sus sentidos en la vida diaria. Si hemos comprado una col en el mercado, observémosla con el niño. Dejemos que la huela, la toque, que le quite las primeras hojas, las acaricie, las pruebe. Cuando cocinemos la col, puede que le guste más comérsela si ha experimentado todo lo anterior.

No olvidemos que se trata de un juego para compartir y no de un ejercicio didáctico que el niño debe realizar para complacernos.

El trabajo de la mano

La pedagogía Montessori concede
un lugar importante al trabajo de la
mano. Es a través de la manipulación
que el niño adquiere un conocimiento
cada vez más agudo del mundo que
le rodea, y construye y desarrolla
su inteligencia.

La inteligencia del niño espera a cierto nivel antes de utilizar las manos: la actividad manual le hace esperar un nivel más elevado, y el niño que ha empezado a utilizar las manos él solo presenta un carácter más fuerte.

Maria Montessori, *La mente absorbente del niño*

49

Alimentar la concentración

Según Maria Montessori, sin concentración hay pocas posibilidades de aprendizaje. Guiar al niño para que consiga concentrarse es uno de los objetivos (a largo plazo) de una clase Montessori. Pero ¡podemos empezar a cultivar el poder de concentración del niño mucho antes de los 3 meses!

Para un niño pequeño, la concentración es frágil y puede ser fácilmente interrumpida por un adulto apresurado. Si interferimos demasiado a menudo en sus actividades, haremos de él una «mariposa», con dificultades para estarse quieto. Maria Montessori aconseja prestar una atención particular a los momentos en los que el niño se concentre de manera espontánea. Si impedimos esos instantes, esa herramienta esencial para el aprendizaje no podrá desarrollarse. Y, al contrario, si alimentamos su concentración, esta no podrá más que expandirse.

50

Llenar y vaciar

Todos los niños pasan por una etapa, que puede durar bastante tiempo, en la que les encanta llenar y vaciar un recipiente.

Podemos atender fácilmente esta demanda, así como su necesidad de motricidad fina. Con un bote de especias y pequeñas arandelas de madera, por ejemplo (se venden en las tiendas de manualidades). Le presentaremos los materiales en una bandeja, con las arandelas metidas en un bol a un lado. Con esta actividad, el niño ejerce su coordinación ojo-mano, se entrena en el ejercicio de verter y también abriendo y cerrando el bote.

Podemos proponerle otras actividades del mismo tipo, por ejemplo con un tubo de cartón rizado por un lado y pajitas que deberá meter dentro. Durante un tiempo también le gustará ejercitarse con una hucha y fichas de plástico.

51

Ensartar en una barra

En la pedagogía Montessori, encontramos diferentes actividades de ensartado o enhebrado: con cubos, con anillas, con esferas, en barras verticales u horizontales, que permiten trabajar la coordinación de forma precisa y llevar a cabo una reflexión.

El ábaco, que puede encontrarse fácilmente en los comercios, con sus cinco barras de diferentes alturas, puede utilizarse también. En cualquier caso, jugamos sobre dos conceptos: la selección por color y la cantidad. Al principio, será el gesto de precisión el que interesará más al niño, quien no se preocupará por el color ni por la cantidad. Después, cuando sea un poco más mayor, se interesará sobre todo por el color.

Este juego, que puede practicarse a diferentes edades, debe seguir siempre un orden: el niño visualiza dicho orden e intentará reproducirlo.

52

Enhebrar cuentas

Enhebrar cuentas es una etapa suplementaria dentro de la precisión y el trabajo de los dedos. Al principio, el niño, demasiado pequeño para enhebrarlas en un hilo, podrá hacerlo en una barra (unos palillos chinos, por ejemplo) que sostendrá en su mano.
A continuación, podremos darle un cordón asegurándonos de hacer rígida la punta enrollando cinta adhesiva a lo largo de tres centímetros. Tomaremos el tiempo que haga falta para enseñarle cómo sostener un trozo de cordón lo suficientemente largo como para dejar la cuenta atrás después del enhebrado.
Cuando mostremos un trabajo de precisión al niño, deberemos hacerlo lentamente, siempre de la misma forma. Si las diferentes etapas son simples y claras, integrará mejor los movimientos. Al principio, el niño enhebrará las cuentas en un orden aleatorio, sin preocuparse ni de su forma ni de su color, ya que

se concentrará en el acto de enhebrar, y cada cuenta le provocará un sentimiento de pequeño triunfo personal y una satisfacción evidente.

No será hasta que domine sus movimientos que empezará a observar las cuentas y a escogerlas. Más tarde todavía, hará algoritmos alternando los colores y las formas en los collares.

53

Las muñecas rusas

Entre 1 y 3 años, al niño le encanta guardar cosas en cajas. También le interesan mucho la comparación, la selección y la clasificación, que son funciones de la mente matemática.

Las muñecas rusas responden a sus necesidades de orden y de manipulación fina. Le ofrecen posibilidades de observación, de clasificación y de ordenación según el tamaño. ¡Siempre resulta sorprendente para el niño descubrir una muñeca dentro de otra!

Las cajitas o los cubos que puedan meterse unos dentro de otros tendrán el mismo éxito y le permitirán jugar libremente: hacer torres, combinarlos con bloques de construcción, guardar cosas en el interior...

54

Cada cosa en su sitio

Esta actividad se inspira en los juegos espontáneos
del niño en su período sensible al orden. Le permite
guardar cada cosa en su sitio, lo que aporta un
sentimiento de seguridad.

Daremos al niño una caja de huevos vacía y seis
huevos de madera o nueces grandes en una cestita.
Se divertirá repartiendo los objetos y guardándolos
en los compartimentos de la caja.

55
Abrir y cerrar botes

Meteremos en una cesta algunos botes pequeños con tapas diferentes: de rosca, que se levanten, de clic... teniendo cuidado de optar por aquellas que el niño pueda abrir y cerrar con facilidad.

Cuando el niño descubra la cesta por primera vez, nos tomaremos el tiempo necesario para mostrarle muy lentamente cómo abrir cada bote: una mano sostendrá el bote y la otra lo abrirá, y después colocará la tapa con delicadeza a un lado. Cuando se hayan abierto todos los botes, podemos hacer una pausa para observar nuestro trabajo con satisfacción, diciendo: «Abiertos». Luego cerraremos los botes de la misma manera, con dulzura, diciendo: «Cerrados». Cuando mostremos una nueva actividad al niño, es importante que lo hagamos mediante gestos depurados y los desgranemos para que los pueda comprender, retener y reproducir. A continuación, podrá retomar la actividad cuando quiera, y a su manera. Siempre que la actividad parezca constructiva, habrá que dejarlo hacer.

Variantes

Esta actividad puede proponerse con cajitas (de joyas, con un cajoncito, con bisagra, de tapa deslizante...) o estuches con diferentes cierres (de cremallera, con un botón grande, con un cordón, con velcro...).

Estas actividades responden a la curiosidad del niño, a su voluntad de comprender el mundo y de manipular objetos cotidianos. Podrá además entrenarse tranquilamente y conseguirá desenvolverse solo con más facilidad en otros contextos.

56

Enroscar y desenroscar

Hay un gran número de juegos que proponen esta actividad, pero a menudo se ve asociada a otros objetivos. Pero es importante aislar una acción con el fin de que el niño pueda concentrarse en ella y perfeccionarla.

Enroscar y desenroscar son etapas importantes para el niño que desea manipular las cosas como hacemos nosotros. Un día, tendrá ganas de tapar los botes de mermelada que ve en la mesa durante el desayuno, y para ello deberá aprender a enroscar.
Podemos proponerle una sencilla barra de madera con un gran perno (o barras de diferentes diámetros) para que se ejercite y agudice el movimiento.
Al principio, siempre girará hacia el mismo lado, pero poco a poco aprenderá también a desenroscar.

57

El azucarero

Esta es una actividad muy fácil de realizar y
¡un éxito seguro!
Habrá que encontrar un azucarero de cristal con
una tapa que se desenrosque, y meter en una cesta
pequeñas barras de madera (palitos para hacer
brochetas, por ejemplo) cortadas a la medida justa.

Mostraremos al niño cómo meter los palitos dentro,
muy despacio. Después desenroscaremos la tapa y
dejaremos los palitos en la cesta.
Le hará falta concentrarse mucho para conseguir
meter un palito por el agujero. Es justo en ese
momento, en que la actividad se convierte en algo
un poco difícil, cuando empieza a interesarle al niño.
Entenderá que necesitará paciencia y esfuerzo. Si la
actividad es demasiado sencilla, el niño se distraerá
con otra cosa. Dependerá de nosotros encontrar el
equilibrio entre muy complicado y muy fácil.

58

Las cerraduras

La manipulación de objetos ocupa un lugar importante en el descubrimiento y la comprensión del mundo. En ese sentido, los diferentes tipos de cerraduras interesarán mucho al niño: le gustará manipularlas y descubrir lo que esconden.

En las cerrajerías encontraremos diferentes tipos. En los sitios web de material Montessori, estos sistemas diferentes se proponen sobre planchas separadas con el fin de aislar cada mecanismo.

También podemos realizar nosotros mismos estas planchas comprando cierres o cerraduras en una tienda de bricolaje. La actividad será todavía más interesante si el niño descubre algo al abrirlos: una imagen o un pequeño objeto escondido.

59

Transvasar con pinzas

Cuando, hacia los 2 años y medio, el niño haya adquirido cierta precisión, podrá acceder a actividades más complejas, como el transvase con unas pinzas.

Se necesitarán unas pinzas de madera y elementos que pueda atrapar con ellas. Para empezar, escogeremos objetos grandes (nueces o bolas de madera) y unas pinzas adaptadas a estos. Más tarde, podremos intentarlo con objetos más pequeños, algo que exigirá una mayor destreza y concentración.

Los niños piden este tipo de actividades de precisión. ¡No olvidemos que son capaces de controlar sus movimientos mucho antes de lo que imaginamos!

60

Perforar

Al niño le encantará realizar esta actividad de precisión.

En una hoja, trazaremos el contorno de un objeto o de un animal y dibujaremos pequeños puntos, a intervalos regulares, alrededor. Pondremos la hoja sobre un tapiz de fieltro para que el niño pueda perforar con un punzón.

Aprenderá a controlar la fuerza de los dedos y a seguir la línea con éxito. Este ejercicio le exige mucha precisión y concentración y prepara su mano para la sujeción del lápiz. Los ejercicios de motricidad fina son a menudo una preparación indirecta de la mano para la escritura. El niño que controla y refuerza su mano tendrá más facilidad.

61

Los puzles

Para un primer contacto con la actividad de encaje,
existen puzles de dos piezas. Hacia los 2 años,
un niño puede manipular un puzle de cuatro o
seis piezas si le dejamos hacer, tranquilamente,
siguiendo su lógica.

También existen, entre el material Montessori,
los puzles de zoología. Algunos son muy fáciles
de completar y de ser manipulados por los más
pequeños, a los que proporcionan gran placer.
Para empezar, mostrémosle cómo hacerlo lentamente:
cogiendo bien el botón de presión con tres dedos,
dejaremos las piezas, con suavidad, en la mesa al
lado del puzle. Después intentaremos poner las
piezas en su lugar del puzle sin hacer ruido, poco
a poco. La intención y la cualidad de nuestros
movimientos serán absorbidas por el niño.

62

La elección de los juguetes

Los padres que siguen las ideas de Maria Montessori en casa intentan escoger los juegos de acuerdo a sus principios educativos. Del mismo modo que el material de una clase Montessori, esos juguetes deben estar bien hechos, ser atractivos y bonitos. Los juegos que invitan al niño a realizar una actividad presentan mayor interés que los que le piden simplemente que apriete un botón.

Cuando escojamos un juego, intentemos imaginar lo que hará con él: ¿el juego tiene una finalidad? ¿Tendrá que tomar decisiones? ¿Le animará a explorar?

Entre todas las ofertas, escojamos los juegos constructivos que favorezcan el trabajo de la imaginación, como las piezas de construcción o para realizar mosaicos, que engloban manipulación, reflexión, observación y toma de decisiones.

63

¿Y la televisión?

Maria Montessori no pudo experimentar la enorme influencia de la televisión, que acababa de aparecer en la época en la que murió. Por tanto, no podemos más que suponer las que habrían sido sus ideas al respecto.

En los últimos años, se ha acusado a la televisión de crear numerosos problemas a niños de todas las edades: obesidad, comportamiento agresivo, descenso de los resultados escolares.... Y numerosas investigaciones muestran que la televisión antes de los 3 años (incluso antes de los 6) es nefasta. Maria Montessori, en referencia a los períodos sensibles, seguramente no habría recomendado la televisión.

El niño tiene necesidad de tener experiencias concretas, en el mundo real, de tocar las cosas y de hacer trabajar sus manos para la construcción de su inteligencia.

El lenguaje

El desarrollo del lenguaje es un
proceso lento que nace de los primeros
intercambios con el bebé. La calidad
del lenguaje que el niño escucha
le ayudará a adquirir un vocabulario
variado y preciso.

Hay un período sensible para «nombrar las cosas»...
y si los adultos responden a esa hambre de palabras de
la forma apropiada, ofrecerán a sus hijos una riqueza
y una precisión del lenguaje que les durará toda la vida.

Silvana Montanaro, Un ser humano. La importancia
de los primeros tres años de vida

64
La palabra exacta

Antes de poder pronunciar sus primeras palabras, el pequeño entiende e integra lo que oye. Pero es entre los 15 meses y los 3 años cuando la evolución del lenguaje es más impresionante.

Podemos acompañarlo y ayudarlo a adquirir un vocabulario rico y preciso haciendo el esfuerzo de utilizar palabras exactas. Por ejemplo, la palabra bolsa puede designar numerosos objetos: una bolsa de tela, una bolsa de basura, una bolsa de plástico. Lo importante para el niño es poder entender el término preciso. No dudemos a la hora de utilizar la palabra o expresión exactas e incluso buscarlas, con el niño, cuando tengamos dudas. Es más enriquecedor saber que el pájaro que observamos en el jardín es una urraca parlanchina que un tipo de ave cualquiera. La realidad adquiere mayor relieve y riqueza si utilizamos las palabras exactas para describirla.

Para conectar las palabras y los objetos que designan, el niño necesita manipular, observar, tocar, oler cosas reales. Debemos ayudarlo a poner nombre a sus experiencias y a sus sensaciones cotidianas.

65

La elección de los libros

Los libros son un excelente soporte del lenguaje, además de un vector esencial de la cultura, pero seamos exigentes con nuestras elecciones. Los libros para los más pequeños proponen a veces demasiados estímulos y colores chillones que dificultan la concentración. Es mejor contentarse con unos pocos libros bonitos que el niño adore y quiera cuidar que acumular muchos libros sin gran interés. Antes de los 3 años pero también más tarde, el contenido del libro deberá basarse en la realidad, pues el niño desea descubrir el mundo real. Lo fantástico y lo imaginario, muy atractivos, son una fuente de confusión para el pequeño todavía sin capacidad de abstracción. Las historias reales son la mejor preparación para una imaginación creativa y para el desarrollo del lenguaje. Leeremos las historias antes de ofrecerle el libro al niño para verificar su sentido.

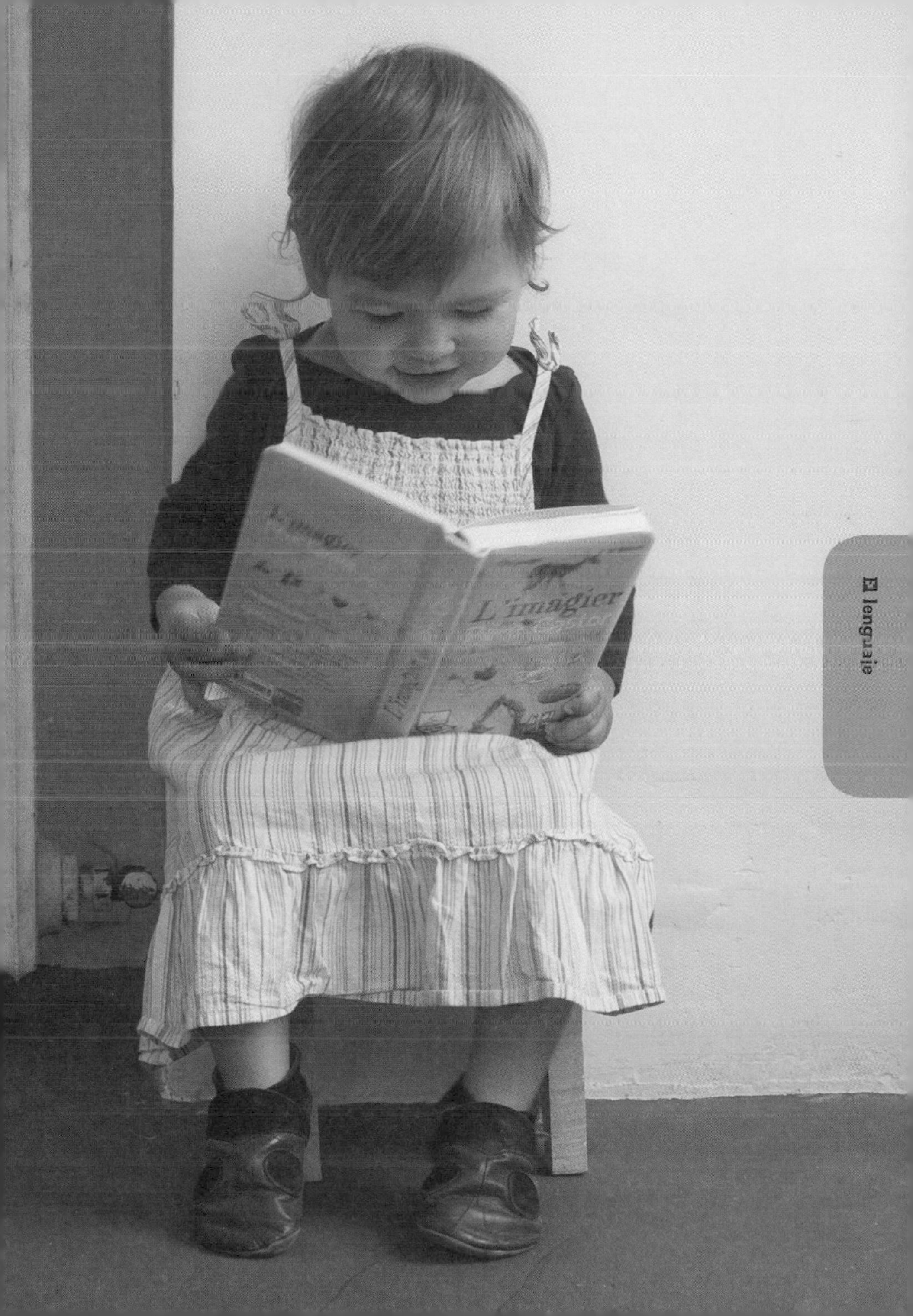
L'imagier

66
La lectura

Leer cada día un libro al niño es esencial,
en particular durante el período de aprendizaje
del lenguaje. Él va registrando lenguaje oral durante
todo el día y el lenguaje escrito cuando leemos
para él.
El libro propone otra manera de narrar y utiliza
a menudo un vocabulario más complejo que el
que utilizamos en el día a día. La construcción
de las frases enriquece la estructura del lenguaje,
los cuentos y las poesías desarrollan el ritmo y las
sonoridades. La lectura ayuda al niño a organizar sus
pensamientos, estimula la memoria auditiva
y su imaginario.

Para apreciar la lectura, es importante que estemos
bien instalados. En la habitación, habilitemos un
pequeño rincón con cojines, un pequeño colchón

o sillón y libros a los que pueda acceder. En el
comedor también, el niño podrá guardar algunos
libros a su alcance y cojines.

Cuando los libros están disponibles en diferentes
lugares de la casa, el niño entiende su importancia y
sabe que puede ponerse a leer cuando tenga ganas.

No mezclemos los juguetes con los libros, que no
deben ser manipulados del mismo modo. Mostremos
al niño, desde su más tierna edad, cómo coger un
libro, cómo pasar las páginas con delicadeza y cómo
guardarlo. Muy pronto, comprenderá que se trata de
un objeto frágil y precioso que hay que cuidar.

El lenguaje

67

Los objetos reales

El pequeño tiene la necesidad de conectar las palabras con los objetos que designan. Desde que tiene 1 año, podemos organizar «lecciones» de vocabulario reuniendo diferentes objetos de una misma categoría. En un primer momento, le presentaremos objetos reales: una cesta de fruta, utensilios de cocina, objetos del cuarto de baño...

Escojamos un momento tranquilo, en el que el niño esté disponible para compartir la actividad, y sentémonos con él en su pequeña alfombra. Tomemos un objeto, que tocaremos con ambas manos, o que oleremos. Luego se lo daremos al niño, que lo examinará a su vez. A continuación, solo nosotros lo nombraremos. De esta forma asociará la palabra a su experiencia sensorial.

68

Las miniaturas

Cuando el niño empiece a hablar, le prepararemos
bandejas con objetos en miniatura: vajilla, animales,
muebles, vestidos de muñeca... Ahora es capaz de
relacionar el objeto real y la miniatura.

De la misma forma que en la actividad precedente, le
propondremos pequeñas lecciones de vocabulario.
Esta vez, resulta inútil tocar el objeto, ya que
la información sensorial se vería falseada por
el pequeño tamaño del mismo. El niño aprecia
especialmente los objetos en miniatura: le encanta
manipularlos y observarlos, y estará contento de
enriquecer su vocabulario con ellos.
Podremos asociar rápidamente imágenes a dichos
objetos.

El lenguaje

69
Cartas y objetos

Hacia los 18 meses, el niño podrá asociar un objeto en miniatura a una imagen. Este ejercicio le ayudará a entender el paso a la abstracción. El objeto que sostiene en la mano es el mismo que ve en la carta.

Al principio, le propondremos una foto que sea fiel al objeto, y solo le presentamos tres objetos y tres cartas. Pondremos las cartas delante del niño, tomaremos el primer objeto y lo observaremos con detenimiento, lo nombraremos y lo pondremos al lado de su imagen. Haremos lo mismo con los otros dos objetos, a no ser que el niño manifieste el interés de hacerlo él mismo.

Para este juego, no es necesario que sepa hablar, pero debe ser capaz de concentrarse y de observar mientras le mostramos la dinámica de una actividad. También deberemos juzgar su interés por el lenguaje.

Más tarde, podemos confeccionar cartas parecidas pero no idénticas: una foto de un perro que asociaremos a la figurita de un perro, o a una foto que solo muestre la cabeza del perro.

Las imágenes que no son del todo idénticas a los objetos exigen una mayor reflexión.

A los niños les encanta este tipo de actividades, que podremos ampliar con más series de objetos.

70

Familias de animales

Con los animales en miniatura podemos entender la noción de familia. Necesitaremos familias de animales domésticos (caballos, vacas, cerdos, cabras y ovejas, por ejemplo). En un primer momento, dejaremos al niño que los descubra por su cuenta y le diremos sus nombres sin que parezca una lección, solo invitándolo a observar los detalles que los diferencian. Emplearemos las palabras exactas: toro, vaca, ternera, macho, hembra, cordero... Podemos mostrarle también los cuernos, las ubres, las pezuñas... El niño, incluso antes de hablar, absorbe el lenguaje y no deja de pedir que le enseñemos palabras nuevas.

Cuando conozca bien los animales, podemos crear las familias con él. Será la ocasión perfecta para recordarle el vocabulario y establecer una clasificación. Para ayudarlo, podemos fotografiar las familias de animales y crear un juego de cartas.

71

Cartas de nomenclatura

Las cartas de nomenclatura, una buena herramienta para el desarrollo del vocabulario, pueden utilizarse a partir de los 2 años más o menos. Estas desvelan al niño la riqueza del mundo: los instrumentos musicales, la fruta, las verduras, los animales de la granja, los medios de transporte...

Estas series de cartas responden de igual modo a la necesidad de orden del niño que quiere comprender el mundo y la organización de las cosas. Pero son sobre todo una herramienta del lenguaje destinada a discutir, intercambiar y enriquecer el vocabulario. El niño entiende que detrás de la palabra «pájaro» existen numerosos pájaros muy distintos con nombres magníficos. Seguramente ya conoce algunos y las cartas le permiten ir más lejos.

Estas cartas se reparten en dos juegos: uno completo y otro incompleto. Al principio, utilizaremos solo un juego para mostrarle las imágenes al niño.

A continuación, el niño pondrá ante él el juego completo y deberá asociar el segundo juego con este para formar pares. Al principio, con seis pares de cartas será suficiente. Esta actividad agudizará su sentido de la observación y le ayudará a trabajar su espacialización

Cuando el niño no conozca alguna de las palabras, propongámosle una lección en tres tiempos.

72

Aprender vocabulario

La pedagogía Montessori utiliza un método para introducir vocabulario: la lección en tres tiempos.

1.er tiempo

Es el momento en el que nombramos los objetos. Escogemos tres objetos de una misma categoría, en relación con un tema que interese al niño o en función de una actividad en curso. Mientras cocinamos, por ejemplo, podemos enseñarle un calabacín, un tomate y un pimiento. Nombramos las verduras una por una (de izquierda a derecha), y pronunciamos despacio y de forma clara: «calabacín», **sin artículo**. Podemos tocar la verdura y dársela al niño para que la manipule. Ello reforzará el aprendizaje. Este primer tiempo puede repetirse varias veces.

2.º tiempo

El segundo tiempo es esencial; es el momento del reconocimiento. Para empezar, repetimos el primer tiempo, y luego pedimos: «¿Puedes enseñarme «calabacín»?», y luego, «Enséñame «tomate»», etc., siempre de izquierda a derecha.

A veces, el niño nos da el objeto, porque le cuesta simplemente señalarlo.

Esta etapa refuerza el vocabulario a partir de la repetición, pero no le pedimos todavía que recuerde el nombre de los objetos.

Si el niño es pequeño, nos detendremos aquí. Pasaremos al tercer tiempo solo cuando estemos seguros de que será capaz de nombrar las cosas.

3.er tiempo

Antes de empezar esta etapa, repetiremos las dos primeras, y luego preguntaremos mostrando el primer objeto: «¿Qué es?».

No hay que presionar al niño. No queremos que tenga dificultades. Al contrario, cuando lo hace bien, se vuelve más competente y está más dispuesto a aprender nuevas cosas.

73
El juego de los sonidos

A partir de los 2 años y medio o de los 3 años, los niños empiezan a interesarse por los sonidos que componen las palabras y a reconocerlos. Se trata de la conciencia fonológica, que prepara para el aprendizaje de la escritura y la lectura.

Podemos proponerle al niño un pequeño juego: dispondremos en una bandeja tres objetos que conozca y pueda nombrar. Sus nombres deberán empezar por tres sonidos bien diferenciados (por ejemplo, un conejo, un pato y una vaca, si lo hacemos con figuritas). Nombraremos los objetos con él, insistiendo sobre todo en el inicio de la palabra. A continuación, diremos: «Veo un animal cuyo nombre empieza con [ko]*». Luego, señalando el conejo, pronunciaremos: «[k] [k]... conejo». Haremos lo mismo con los dos objetos siguientes.

En este punto, el niño lo habrá entendido y responderá en nuestro lugar.

Si desea continuar el juego, volveremos al principio, siguiendo el orden de las figuritas en la bandeja, para que sepa lo que le vamos a preguntar. Puede que debamos repetir varias veces el juego para que identifique los sonidos. Cuando haya entendido el funcionamiento, querrá jugar a ello todo el día, de paseo, o cuando cocinemos, por ejemplo. Podemos intercambiar los roles cuando lo veamos cómodo, y seremos nosotros quienes debamos adivinar.

* No utilizamos el nombre de la letra sino el sonido que produce. Así el niño podrá entender fácilmente las letras que componen las palabras y esa conciencia fonológica le ayudará a escribir.
b = [be], c = [ke], d = [de], f = [fe]... pronunciando siempre muy poco la [e].

74

El juego del silencio

Este pequeño juego resulta útil para aprender a crear momentos de silencio y a apreciarlos. El niño necesita reposo y silencio, pero no siempre es capaz de conseguirlos por sí mismo.

Para empezar, le anunciaremos que vamos a crear un momento de silencio, que no debe moverse, ni hablar ni hacer ningún ruido, ¡algo nada fácil! La primera vez podemos hacerlo nosotros delante de él, cerrando los ojos y quedándonos quietos durante unos 30 segundos. Entonces entenderá mejor de qué se trata. Cuando consiga mantenerse en silencio, le pediremos que escuche todo lo que oiga a su alrededor: un coche a lo lejos, un pájaro, un timbre, el sonido de unos pasos... Compartamos con él nuestras impresiones para ayudarlo a estar atento mientras escucha.

75

Primeros trazos

Antes de que el niño descubra las letras de lija (hacia los 3 años y medio), le atraerán mucho las letras y sobre todo el gesto de trazarlas. Le encantará, por ejemplo, llenar las «líneas de escritura» con bucles o zigzags.

Para responder a este deseo, que deja entrever su voluntad de imitarnos, podemos proponerle dibujar tirabuzones en la arena. Pondremos una fina capa de arena en una bandeja y le mostraremos cómo utilizar los dedos para trazar espirales, para que se impregne desde el principio del gesto adecuado. Trazar con el dedo elimina la crispación de la mano y la arena disminuye las imperfecciones. Para el niño resulta muy gratificante.

Hacia los 3 años, le encantará seguir con los dedos o con ayuda de una cera el contorno de algo que dibujemos.

Las actividades manuales y creativas

El pensamiento de Maria Montessori, fundado sobre el respeto del niño, otorga un lugar de gran importancia a la creatividad.

Para permitir al niño que sea creativo, debemos darle las bases para que domine el material, supere la técnica y entre en el arte.

La intervención en el trabajo es siempre un obstáculo
que interrumpe la impulsión interior de la expresión.

María Montessori, *Pedagogía científica*, tomo 1

76

Respetar su creatividad

Para permitir que la creatividad se exprese, hay que evitar dirigir los trabajos de artes plásticas. Dejemos al niño tanta libertad como nos sea posible para preservar intacta su espontaneidad y su expresión personal. Un niño no se dedicará a un proyecto si no ha salido de su propia voluntad. Solo necesita que confiemos en él.

Evitemos también hacer comentarios sobre su trabajo: dejemos que nos hable de sus obras y conformémonos con su descripción. Si nos dice que es una flor, es una flor, no importa que su dibujo nos evoque otra cosa.

Los niños son artistas que crean por ellos mismos cuando no son guiados por un adulto. No buscan hacer cosas «bellas». Viven en el momento presente y adornan el proceso de creación.

Nuestro rol consiste en mostrarle una forma respetuosa e inteligente de utilizar el material, y depende de él profundizar sus conocimientos mediante la observación, el trabajo y la investigación de otras posibilidades.

Aprendiendo a trabajar por sí mismo, el niño desarrolla su capacidad de producir ideas originales y su autoconfianza. No se somete al juicio de los adultos, quienes frenan su creatividad.

Para preparar una actividad artística, el principio es el mismo que para toda otra actividad: todo el material, listo para ser usado, limpio y en buen estado, se guarda en un lugar accesible. Así el niño será autónomo desde que pueda utilizarlo con cuidado. Si todavía no es el caso, lo ayudaremos, pero solamente en los aspectos prácticos: para instalar el material, utilizarlo y guardarlo.

77

Una obra colectiva

Cuando el niño dibuje, no deberemos intervenir. Se trata de su propio universo. Aquí damos una idea de actividad para hacer en colaboración si quiere dibujar con nosotros: en lugar de dibujar en su lugar, deberemos hacer un dibujo juntos para darle ideas y animarlo.

Por ejemplo, nosotros dibujaremos una cabeza y él dibujará los ojos como pueda. Luego haremos la parte superior del cuerpo y él las piernas. O dibujaremos flores y él deberá añadir los tallos... El niño, incluso si no es muy presto a dibujar, se lanzará a hacerlo. Es muy probable que más tarde lo encontremos intentando dibujar una flor él solo, teniendo cuidado de trazar un bonito tallo.

78
Descubrir la pintura

Podemos proponerle a un niño de 15-16 meses que descubra la pintura. Empezaremos con un solo color, durante una semana como mínimo. Si optamos por el rojo, podemos buscar con él objetos rojos por toda la casa organizando una caza de los colores. Haremos que sea nuestro tema: ¡la semana del rojo! Luego pasaremos a otro color, dejando el rojo a un lado.

Cuando el niño haya pintado en los tres colores primarios por separado, le daremos los colores de dos en dos. Con el amarillo y el rojo, inevitablemente descubrirá el verde. Será para él un momento mágico. Descubrirá así los colores secundarios y su composición. Cuando pueda experimentar las mezclas de los colores primarios de dos en dos, podremos dejarle pintar con los tres colores.

Un poco más tarde, aprenderá a añadir negro para obtener un color más oscuro, o blanco para obtener uno más claro.

Si procedemos de esta forma, el niño experimenta el color de forma sensorial y hace por su cuenta el descubrimiento de la mezcla de los colores. Los niños a los que se les da una caja con todos los colores desde el primer día tienen en seguida una hoja completamente marrón. Al contrario, con este método progresivo de descubrimiento, el niño toma conciencia del color en el bote, del color en la hoja y pone atención a no mezclarlo todo; quiere preservar el color porque ha podido observar la belleza de cada color sobre el papel.

79

Simetría

Durante una actividad de pintura, podemos mostrar al niño el principio de la simetría, sin explicaciones, por supuesto, porque se trata sobre todo de un descubrimiento sensorial.

Doblaremos una hoja en dos para marcar la mitad, la desdoblaremos y explicaremos al niño que deberá dibujar solamente a un lado (dejándolo hacer lo que prefiera). Cuando haya terminado, volveremos a doblar la hoja y con él pasaremos la mano plana por encima para chafar bien el dibujo y, con delicadeza, la abriremos de nuevo para observar el resultado.

¡Siempre es una sorpresa!

Según su edad, podrá continuar él solo; simplemente le prepararemos hojas dobladas por la mitad.

Podrá probar con diferentes formas y observar los resultados.

80
Recortar

A partir de los 2 años, y a veces incluso antes,
a los niños les atraen las tijeras. Empezaremos
el aprendizaje por etapas con el fin de aislar las
dificultades. Le propondremos primero al niño
que se entrene abriendo y cerrando las tijeras, sin
cortar nada, algo que ya le exigirá cierto nivel de
concentración. Necesitaremos dos pares de tijeras,
idénticas a ser posible, unas para él y otras
para nosotros.
Las colocaremos delante de nosotros y del niño
y le mostraremos varias veces cómo aguantarlas
pasando los dedos por los agujeros. Cuando sea
capaz de cogerlas bien, le mostraremos cómo
abrirlas y cerrarlas. Intentará imitarnos. Al principio
le resultará difícil, pero gracias a nuestro apoyo y a
nuestra paciencia, lo conseguirá.

Cuando haya dominado esta fase, le prepararemos una bandeja con un pequeño bote lleno de tiras de papel y un bol para recoger los trocitos que recorte. Las tiras le permiten al niño dar un solo golpe de tijeras para cortar, y le resulta más fácil. Al principio, podemos ayudarle sosteniendo nosotros la tira de papel y orientándola en perpendicular a las tijeras. Puede que no lo consiga en seguida, pero no debemos perder la paciencia porque muy pronto querrá sostener él mismo las tiras y se entrenará solo.

Cuando consiga cortar las tiras con facilidad, podemos pintarles rayas para aprender a seguir una línea de corte. Se trata de otra etapa que exige precisión y control.

81
La bandeja de collage

Desde que el niño empieza a recortar bien, puede aprender a utilizar cola. Podrá colocar los pequeños trozos de papel que haya recortado en una bandeja para utilizarlos acto seguido en sus *collages*. También podemos recortarle nosotros cosas bonitas: animales, objetos o formas geométricas de papeles distintos. Gracias a dicho material, podrá realizar cuadros con papeles pegados. Le gustará descubrir lo que hemos metido en su bandeja de *collage*. En ella deberemos colocar: un poco de cola líquida en un pequeño bote hermético, un pincel, un soporte para el pincel y los papeles para pegar.

El *collage* ejerce la motricidad fina y estimula la creatividad siempre que, por supuesto, no intervengamos en el proceso.

82

Cartas para enlazar

Las cartas para enlazar, que se encuentran con facilidad en las tiendas, son a la vez una actividad de motricidad fina suficientemente compleja y una preparación para la costura. Las podemos fabricar con cartón recortando formas que perforaremos alrededor; luego tomaremos un cordón y pegaremos un extremo con cinta adhesiva para que el niño lo vaya pasando con mayor facilidad por los agujeros. A continuación, le mostraremos lentamente cómo proceder: pasamos el cordón por un agujero, le damos la vuelta a la forma, estiramos... Al principio, los niños olvidan darle la vuelta a la silueta o meten el cordón en los agujeros sin seguir ningún orden.

Pero la actividad les gusta y poco a poco serán capaces de una mayor precisión y observación, y sus puntos serán cada vez más regulares.

83

Modelado

La arcilla es una herramienta maravillosa para la expresión de la creatividad.
De igual modo que con el dibujo, no dirigiremos su trabajo. Dejaremos al niño hacer lo que desee asegurándonos simplemente de que dispone de buenas herramientas y que las sabe utilizar.

El pequeño que descubre la arcilla adorará mezclarla, hacerle agujeros o alisarla, aplanarla con un rodillo de amasar, cortar formas con moldes, pincharle palitos... Y poco a poco realizará objetos en tres dimensiones.

Modelar es un verdadero placer para las manos del niño. Podemos variar los materiales proponiéndole pasta para modelar o pasta de sal (una receta que podrá realizar él mismo).

La motricidad global

Del nacimiento a los 3 años, el niño desarrolla el movimiento coordinado y voluntario y adquiere una de las principales características del ser humano, la posición vertical. Desde el momento en que es estable sobre sus pies, necesita actividades que hagan trabajar todos sus músculos.

Las ideas más abstractas, como la de espacio o tiempo,
son concebidas por la mente a través del movimiento.
Este es, pues, el espacio de unión entre la mente
y el mundo.

María Montessori, El niño

84

Llevar objetos pesados

Cuando es capaz de andar con seguridad, el niño entra en lo que Maria Montessori llama el período de «esfuerzo máximo». Le atraen actividades que involucran todo su cuerpo: le encanta llevar cosas pesadas, como botellas de agua. Podemos confeccionarle saquitos llenos de arena que se divertirá acarreando de un lado a otro.

Es también el momento de darle una cesta, una bolsa o un saco en el que podrá meter todo tipo de cosas para ser transportadas.

Podemos además crear una especie de polea, con un saquito de arena atado a una cuerda en un lado y una anilla en el otro, suspendida de una viga: deberá tirar de la anilla para levantar la arena.

85

Transportar muebles

Si mostramos al niño cómo llevar una silla, tendrá tendencia a empujarla. Le explicaremos que, si la empuja, hace mucho ruido y puede dañar el suelo. Para llevar una silla, la levantaremos con una mano sobre el respaldo y la otra sobre el asiento. Haremos una demostración con movimientos lentos y sin hacer ruido. Cuando dejemos la silla, intentaremos igualmente no hacer ruido.

Este pequeño ejercicio responderá a su necesidad de llevar cosas pesadas y desplazar en el espacio, además de mejorar su coordinación, concentración y autonomía. Le invitará a llevar las cosas con cuidado y en silencio. Si hace ruido o choca las patas de la silla contra la pared o un mueble, entenderá que debe prestar más atención.

86

Llevar una bandeja

Hemos ofrecido al niño muchas de las actividades en una bandeja. Para que sea autónomo, deberemos enseñarle también a transportarla.

La primera vez, le mostraremos cómo llevarla vacía: cuando está en la mesa, la cogemos por las asas, la levantamos con suavidad y la sostenemos bien recta, y luego andamos un poco con ella por la sala antes de volverla a dejar. Todo ello con gestos atentos y delicados. A continuación, el niño podrá entrenarse con un pequeño objeto colocado sobre la bandeja. El control del error será entonces evidente: si inclina la bandeja, el objeto resbalará o se caerá. Cuando haya dominado esta etapa, puede intentar llevar algo más delicado, una jarrita, por ejemplo. Muy pronto, podremos confiar en él y darle una pequeña bandeja para llevar un tentempié a su mesita.

87
Trepar

Un niño pequeño tiene necesidad de trepar, de subir escaleras, de caminar largo rato... Necesita sentir su cuerpo y sus músculos y poner a prueba su fuerza y su equilibrio.

Debemos resistir la tentación de ayudarlo demasiado en esos momentos, ya que es importante que mida sus capacidades y sus límites para escalar, saltar, correr...

Al dejarle moverse y experimentar, aprende también a ser perseverante.

Debemos instaurar desde el principio un ambiente de confianza que le ofrezca suficiente espacio para actuar sin tomar demasiados riesgos.

La motricidad

88

Una muñeca de papel

Sobre una gran hoja de papel, dibujaremos la silueta del cuerpo del niño.

A continuación, con su ayuda, podemos pintar sobre la silueta los ojos, la boca, el pelo, la ropa... El niño podrá decorar, colorear y dar vida a su muñeca.

Este pequeño juego gustará mucho a niños de todas las edades, que participarán en él según su capacidad. Les encantará verse a tamaño real y manipular su silueta.

El esquema corporal se construye progresivamente desde el nacimiento hasta los 3 años, y el niño aprecia todos los juegos que le ayudan a tomar conciencia de su cuerpo, en su conjunto y en detalle.

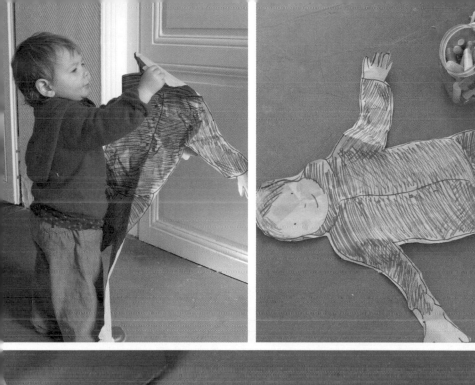

195

89

El sentido espacial

Para ayudar al niño a percibirse en el espacio,
pensemos en utilizar a menudo los términos *encima,
debajo, delante, detrás, al lado...*
Estas palabras y lo que designan le permiten
percibirse en el espacio y darse cuenta de la posición
de las cosas.
Podemos jugar con su muñeca o su peluche preferido
pidiéndole que lo ponga sobre la mesa, después bajo
la mesa, al lado de la ventana, delante de la puerta.
A los niños les encantan estos pequeños juegos.

90

El esquema corporal

Poner un espejo a la altura del niño que le permita verse el cuerpo entero facilitará la integración de su esquema corporal. Lo ideal sería que pudiera verse de lejos y observarse andando.

Sentados delante del espejo con él, podemos ayudarlo a construir su esquema corporal pidiéndole. «Enséñame dónde tienes la nariz, muéstrame tu oreja»... El niño ya conoce las palabras, pero esto le divierte mucho y poco a poco será capaz de hacer observaciones más agudas y aprenderá a señalar sus cejas, sus fosas nasales, sus labios...

91

La danza

Los niños integran nuestros movimientos y nuestros gestos, ya que tienden a imitarnos. Si actuamos de una forma particular, el niño desarrollará las mismas habilidades. Así, cuando dancemos con él, se mostrará muy interesado, observará los movimientos e intentará repetirlos.
La danza requiere un gran control de la musculatura, porque hay que empezar y terminar un movimiento al ritmo de la música.

Los niños responden siempre con alegría, placer y entusiasmo ante la danza. Puede utilizarse en momentos difíciles para restablecer la calma y la concentración, para crear un ambiente agradable y positivo, o para redirigir con dulzura la energía del niño.

La naturaleza

Cuando Maria Montessori nos dice que debemos «dar el mundo» a nuestros hijos, significa también hacerles descubrir las nubes, las salidas y las puestas de sol, el viento de otoño, el canto de los pájaros, las estrellas, los insectos, las plantas... La infinita riqueza de la naturaleza.

Dejad a los niños: que corran afuera cuando llueve, que se quiten los zapatos cuando encuentren un poco de agua y, cuando la hierba de los prados esté un poco húmeda por el rocío, dejad que sus pies desnudos la pisen; que reposen sobre él tranquilamente cuando un árbol los invite a dormir a su sombra.

María Montessori, Pedagogía científica, tomo I.

92

Convivir con la naturaleza

No olvidemos pasar tiempo en el exterior para que
los niños sean sensibles muy pronto a la naturaleza,
a su fragilidad y aprendan a respetarla.

Las actividades que podemos compartir en
ella son muy variadas y ricas en aprendizajes y
descubrimientos sensoriales: plantar semillas y verlas
crecer, observar insectos, rastrillar la tierra, recoger
hojas... Procurémonos herramientas de jardín para
niños: una pequeña carretilla, una regadera... y
asegurémonos de que están siempre bien guardadas
y listas para su uso. Podemos organizar actividades
ligadas a cada estación: en otoño, recogeremos
hojas; en invierno, prepararemos comida para los
pájaros; en primavera, sembraremos; en verano,
recogeremos lo sembrado.

El vínculo con la naturaleza es importante para el
desarrollo del niño. Es así como toma conciencia de
su lugar en un contexto más amplio.

93

Plantar semillas

Plantar semillas, verlas crecer y cuidarlas lleva al niño a entender de forma indirecta muchas cosas sobre la naturaleza y sobre cómo funciona.
Las semillas de girasol son perfectas, ya que crecen rápido y el resultado es impresionante.

Para empezar, prepararemos un pequeño bote, tierra y las semillas que el niño debe plantar. Habrá que acordarse de regarlas cada día y, rápidamente, veremos salir pequeños brotes verdes.

Entonces los replantaremos: el niño llenará una maceta con tierra, hará unos agujeritos en ella, meterá los brotes y añadirá más tierra. De nuevo seguirá un período de observación y de riego constante.

Podemos entretenernos comparando con regularidad
el tamaño de las plantas con el del niño. Muy pronto,
¡estas serán más altas que él!

94

Un rincón del jardín

Si tenemos la posibilidad, podemos delimitar un pequeño rincón del jardín, balcón o terraza para el uso del niño. Le ayudaremos a plantar semillas o a trasplantar flores. Podemos darle piedras planas o guijarros y palitos para decorar su jardín. Le ayudaremos a demostrar su perseverancia y atención haciéndolo regar y quitar las malas hierbas a menudo. Podemos plantar juntos fresas y cerezas: el niño estará muy orgulloso de ver su cosecha en el plato.

Pensemos en tener cuidado de las herramientas de jardinería: al niño le gustará encontrarlas ordenadas y listas para ser utilizadas. A los niños les encanta el orden pero para conseguirlo necesitan nuestra ayuda e indulgencia.

95
El color del cielo

Para animar al niño a que observe lo que le rodea y a tomar conciencia de los cambios en la naturaleza, podemos proponerle, por la mañana, que observe el cielo: hace sol, hay nubes, llueve, hay niebla, nieva... Y podemos crear cartas con fotos para ilustrar las diferentes situaciones. El niño, al observar el cielo, escogerá la que corresponde al tiempo que hace ese día.
Definamos un lugar en el que colocar las cartas, la puerta de la nevera o la de la entrada, por ejemplo.

Es el momento de hablar con el niño sobre el tiempo y, eventualmente, de la ropa que necesitamos para cada ocasión. Observar que llueve le incitará a pensar en ponerse las botas de agua y el impermeable.

La naturaleza

96

Una mesa de observación

Cuando estemos en el exterior con el niño, podemos animarlo a prestar atención a los detalles de la naturaleza por los que sienta una curiosidad y un interés innatos. Podemos recoger con él pequeños elementos: musgo, una pluma, una piedra, una castaña, el pétalo de una flor...

En casa, reuniremos estos pequeños tesoros sobre una «mesa de observación» reservada a dicho uso: la repisa de una ventana, una consola o un estante. Podemos añadir un vivar que acoja momentáneamente caracoles o insectos para observarlos, poner un bulbo de jacinto o un hueso de aguacate en agua... Elementos vivos que el niño deberá cuidar.

Podrá ordenar el lugar a su gusto, podemos añadir figuritas de animales...

La mesa irá cambiando al ritmo de las estaciones y será el reflejo de la vida y los cambios de la naturaleza.

Un niño más mayor podrá utilizar una lupa para observar más de cerca los nervios de una hoja, la textura de un trozo de corteza. Podrá también usar su pequeño museo natural para realizar dibujos a través de la observación.

97

Paseos imprescindibles

Para Maria Montessori, desde que un niño sabe andar, ya no hace falta llevarlo de forma sistemática, algo que lo mantiene por debajo de sus capacidades reales, sino acompañarlo de la mano en su descubrimiento del mundo.
Es esencial que respetemos su necesidad de andar. Ofrezcámosle este regalo tan sencillo: tiempo para andar a su ritmo, sin presión ni un destino marcado. El niño no quiere ir a ninguna parte. Lo que cuenta para él es andar libremente, ejercitar su musculatura y tener tiempo para observar.

Para los niños, una pequeña salida a tirar una carta al buzón puede convertirse en una excursión extraordinaria. Les encanta detenerse a observar los pequeños detalles.

Se ponen contentos cuando les dejamos tocar, oler y mirar todo lo que llama su atención. No siempre podemos permitirnos andar al ritmo del niño, pero con un poco de esfuerzo encontraremos ocasiones para hacerlo. Concedámonos diez minutos para dejarlo andar y llegará a casa más sereno y relajado.

Para apreciar estos paseos, debemos aprender a ralentizar la marcha. El niño no vive al mismo ritmo que nosotros, no lo olvidemos. Nosotros también podremos valorar, de paso, esos momentos aparte del devenir cotidiano.

98

Trabajar en el exterior

Al niño le encanta jugar y trabajar fuera y podemos fácilmente incorporar el exterior a nuestras tareas: lavar el coche, recoger hojas, practicar jardinería... Siempre hay una pequeña parte de nuestro trabajo que es capaz de realizar.

Podemos crear un espacio en el exterior para que pueda realizar ciertas actividades que normalmente lleva a cabo dentro de casa. No hay que separar el trabajo del cuerpo y el de la mente con las actividades «intelectuales» en casa y las actividades «físicas» en el exterior. Cuerpo y mente trabajan juntos, es por eso que, en las clases Montessori, los niños son libres de actuar y de instalarse donde prefieran. Es bueno crear una libre circulación entre interior y exterior. El niño podrá escoger salir afuera para leer, dibujar o realizar una actividad.

99
Pintura al agua

Esta es una actividad que el niño podrá realizar fuera y que lo tendrá seguramente ocupado durante largo rato. Le daremos un pincel grande y un bote con agua. A continuación, lo invitaremos a explorar la naturaleza y a «pintar» sobre todas las superficies que encuentre. No estará limitado por la hoja: tiene todo el espacio del jardín o de la terraza.

Esto lo ayudará a observar los diferentes materiales, las texturas y lo que pasa cuando se mojan. Si hace calor, podrá observar cómo desaparecen las marcas del agua al secarse. Es una experiencia interesante que invita a la observación.

100

Los animales

Durante nuestros paseos, podemos llamar su atención hacia la vida animal: un herrerillo carbonero, un abejorro, una tela de araña... Le enseñaremos a quedarse quieto y en silencio y describiremos de forma rica y precisa, eventualmente con ayuda de una guía sobre la naturaleza, lo que estamos observando.
Su interés por la vida que le rodea se verá agudizado y su curiosidad natural alimentada.

Si podéis, adoptad un animal doméstico y cuidadlo con el niño. Aprenderá a observar las necesidades del animal y a mostrarle benevolencia y respeto.
Un animal es también un amigo. El niño compartirá con él verdaderos momentos de complicidad y encontrará consuelo en el animal.

Otros títulos publicados:

Pequeñas historias
Montessori
En casa

Los primeros cuentos inspirados
en la pedagogía Montessori

Eve Herrmann
Roberta Rocchi

timun**mas**

Pequeñas historias
Montessori
La naturaleza

Los primeros cuentos inspirados
en la pedagogía Montessori

Eve Herrmann
Roberta Rocchi

timun**mas**

Bibliografía

Por Maria Montessori

- *Educar para un nuevo mundo*

- *Las etapas de la educación*

- *El niño*

- *El niño en familia*

- *La mente absorbente del niño*

- *La educación de las potencialidades humanas*

- *Educación y paz*

Otras obras

- *La Pédagogie Montessori, aspects théoriques et pratiques*, Kristina Skjöld Wennerström et Mari Bröderman Smeds, Éditions L'Instant présent, 2012.

- *Apprends-moi à faire seul, la pédagogie Montessori expliquée aux parents*, Charlotte Poussin, Eyrolles, 2011.

- *Maria Montessori : sa vie, son oeuvre*, Edwin Mortimer Standing, Desclée de Brouwer, 2011.

- *Un autre regard sur l'enfant. De la naissance à six ans, Montessori pour les parents et les éducateurs*, Patricia Spinelli et Karen Benchetrit, Desclée de Brouwer, 2010.

- *Le Quotidien avec mon enfant, un environnement adapté aux jeunes enfants*, Jeannette Toulemonde, Éditions L'Instant présent, 2005.